아이는
사랑으로
자라고,

부모는
그 사랑으로
완성된다

아이는 사랑으로 자라고, 부모는 그 사랑으로 완성된다

유아교육학 교수가 전하는 행복한 부모의 지혜

최혜순 지음

프로방스

프롤로그

"아이 키우는 아름다운 창조"

최근 '자식은 부모하기 나름'이라는 견해가 있다.
그러나 한 인간의 인격과 지능의 변이는 절반이상이
유전자의 차이에서 비롯된다고 하는 입장도 만만치 않다.

필자는 세 아이를 낳아 기르고 가르쳐 모두 출가시켜 이제는 여섯 명의 손자녀를 두고 있는 엄마이며 할머니 이다. 그리고 정확하게 33년 6개월이라는 세월 동안 가천대학교 유아교육학과 교수로 지내면서 인생의 절반 이상을 '선생' 혹은 '교수'라는 이름으로 많은 예비교사와 교사 그리고 부모들에게 도움이 될 만 한 연구를 하거나 가르치면서 지내왔다.

그런데 내 자식을 키울 때는 알지 못한 것들을 첫 손녀를 보던 바로 10년전에 아이들의 양육이나 교육에 대해 객관적으로 보기 시작했다. 그 이유는 바로 아기를 처음 낳은 모든 엄마나 아빠들은 아기

키우는일, 육아를 한 번도 해보지 않았을 뿐 아니라 배운 적도 없어

"아이키우는 아름다운 창조"

최근 '자식은 부모하기 나름'이라는 견해가 있다.

그러나 한 인간의 인격과 지능의 변이는 절반이상이 유전자의 차이에서 비롯된다고 하는 입장도 만만치 않다.

힘들어 한다는 것과 모든 아이들은 저마다 타고난 개성이 있다는 것이다.

그래서 필자는 "아이키우는 일은 예술"이며 교육이나 양육은 '창조적행위' 라고 확신한다'. 아름답고 숭고해 보이는 경지'가 바로 예술인데 한번도 부모역할을 해보지도 않은 젊은 남녀가 아이를 돌보고 사랑하는 모습은 경이롭기까지 하다. 아이들은 모두 다르며 부모들 또한 모두 다르다. 부모들은 아이를 키우면서 공부를 많이 했든 안했든 아이들과 상호작용하는 매 순간 자신의 직관과 감정으로 아이들의 수준에 적절하게 말하고 행동하는 일이 필요하다. 아이들의 눈높이에 맞추어 말하고 행동하는 순간순간 이미 부모들은 자신의 관점이 아니라 아이들 관점의 생각이나 행동을 창조하고 있는 것이다. 작가의 직관과 통찰을 통해 이루어진 예술작품이 시대를 초월하여 많은 사람이 공감하는 작품을 만든 사람을 뛰어난 예술가라고 하듯이 자신의 자녀를 많은 사람들이 존경하는 훌륭한 사람으로 키워낸 부모들 역시 뛰어난 예술가이다. 부모 되기는 쉽지만 부모노릇 하기는 어렵다는 말이 있다. 아무것도 모르는 아주 작은 생명인 아기들

을 사랑으로 키워서 그가 속한 사회의 인재로 만드는 일은 정말 위대한 일이며 중요한 일이다.

　필자가 이 책을 집필하게 된 가장 큰 이유는 아이들을 엄마 혼자 잘 키우려 하지 말고 가족 모두 다 함께 키우자고 이야기하고 싶었다. 그간 교수로서 부모교육이나 교사교육을 진행할 때 생각해 온 것들을 이야기 하듯 말해 주고자 한다. 마침 필자가 멘토로 활동하고 있는 경기창조학교에서 부모들에게 도움이 될 만한 강의요청을 해왔기에 젊은 부모들이 궁금해 하는 주제들을 뽑고 그에 대한 이론을 제시하고 적용할 수 있는 양육의 팁을 중심으로 내용을 구성하였다. 그런데 준비기간은 2년 이상이 걸렸어도 많이 부족하여 출판을 미루고 있었는데 필자의 정년을 맞아 아이양육에 관심 있는 제자와 후학들 그리고 부모들에게 하고 싶은 이야기를 대신 할 겸 다시 책으로 엮어 보기로 했다. 필자가 지향하는 본서의 목표는 많은 부모나 교사들이 일반적으로 알고 있는 양육과 교육에 관한 오해를 풀고 앞으로 나아가야 할 방향을 찾으며, 아이만이 아니라 가족을 이해하며 살고 사랑하는데 또 다른 지평을 열어가기를 기대한다. 그 이유는 부모로 살아가는 방법을 배우거나 연습하고 부모가 되는 사람은 없지만 일단 아이가 태어나고 부모-자녀관계가 형성되는 순간 이 관계는 죽음에 이르기까지 같이 가야 하는 피할 수 없는 숙명적 관계가 된다. 따라서 미래 사회의 주인공인 소중한 우리 아이들의 삶을 행복하게 인도 할 부모와 교사들에게 양육과 교육의 방향을 제시하는데 조금이라도 도움이 되는 정보가 필요하며 본서가 그 기능을 해주기를 감히 희망한다.

    모든 인간은 자신만의 우주를 갖고 있다. 어린아이 역시 아무것도 밝혀지지 않은 우주와 같다. 그러니 아이에 대해 함부로 말하거나 어떠한 아이라고 일방적으로 단정 지어서는 안 된다. 아이키우기는 아름다운 창조이다. 모든 창조는 고통이 따른다. 어느 시인의 말처럼 흔들리지 않고 피는 꽃이 어디 있는가? 아이들은 꽃이며 우리의 미래이다. 부모를 통해 왔으나 부모의 소유는 아니며 그 아이들이 자신의 길을 찾아 나가는 것을 따스한 가슴으로 지켜봐 주고 어둠 속에서도 길을 비춰주는 등대가 되어 주기만 하면 될 것이다.

저자 최혜순

차례

프롤로그 ··· 4

1장
나는 한 살입니다

1 선조들의 지혜: 태교는 임신전부터 ··· 17
2 모국어의 기원: 태아의 청력 ··· 20
3 인간형성의 특질 중 많은 것이 자궁 속에서 결정된다 ··· 24
4 어떤 태교를 해야 할까? ··· 28

2장
세 살버릇 여든간다

1 아이는 부모의 거울이다 ··· 39
2 세 살이면 자율성과 수치심을 배운다 ··· 44
3 과보호는 자녀의 자율성을 죽인다 ··· 48
4 어떻게 해야 할까요? ··· 51

3장
아빠와 많이 놀며 크는 아이, 사회성도 쑥쑥

1 아버지는 이제 공동 양육자다 ··· 62
2 아이들의 발달 단계에 따라 아버지 역할이 다르다 ··· 65
3 아버지 양육참여는 아이와 가정의 행복에 중요하다 ··· 69
4 아버지의 양육은 어떻게 하면 좋을까? ··· 72

4장
뇌는 달리기를 좋아한다

1 운동과 뇌발달의 관계는 밀접하다 ··· 83
2 운동은 뇌파를 바꾼다 ··· 87
3 0교시 신체활동은 뇌를 활성화시킨다 ··· 94
4 어떤 운동이 좋을까? ··· 98

5장
아이들의 식습관

1 아이들의 편식은 당연하다 ··· 110
2 열량 과잉된 식사가 위험하다 ··· 112
3 안전한 먹거리 선택이 중요하다 ··· 117
4 두뇌음식을 먹이자 ··· 123
5 어떻게 먹어야 할까요? ··· 127

6장
재능은 타고 날까요?

1 아이들의 뇌에서 재능이 출발한다 … 137
2 한 사람의 특정한 재능은 뇌 영역간의 통합으로 일어난다 … 143
3 뇌는 경험이나 감정에 따라 변한다 … 152
4 어떻게 재능을 키워 줄까요? … 157

7장
화를 내는 것은 본능이다

1 아기들도 자신에게 위협이 되는 것을 안다 … 168
2 화를 발산하는 사람이 더 건강하다 … 171
3 분노의 조절은 이해와 사랑이다 … 175
4 어떻게 키워야 할까요? … 179

8장
타인을 배려하는 아이가 리더가 된다

1 친사회적 행동도 발달한다 … 194
2 친사회적 행동을 하는 아이가 리더가 되는 이유 … 199
3 친사회적 행동을 하는 본보기가 필요하다 … 202
4 어떻게 해야 할까요? … 206

9장
형이니까 동생이니까

1 새아기가 태어나면 가족체계가 변화한다 ··· 217
2 출생 순서에 따라 부모와 아이의 상호작용이 다르다 ··· 219
3 형제갈등은 자기조절력의 학습기회 ··· 222
4 어떻게 키워야 할까요? ··· 225

10장
함께 크는 아이들

1 아이 키우기도 배워야 한다 ··· 236
2 육아에 관한한 양성평등이 실현되어야 한다 ··· 240
3 양육의 책임을 함께 하는 전통양육 문화를 되살리자 ··· 243
4 어떻게 해야 할까요 ··· 249

에필로그 ··· 253

재능은 타고 날까요?

유명 지휘자 주빈 메타에게 물었다.
"장영주처럼 뛰어난 연주자가 되려면 어떻게 해야 할까요?"
그의 대답은 "이 세상에 태어나 배운 것 만으로
저렇게 연주할 수는 없습니다,
사라는 태어날 때 이미 배워 가지고 나왔습니다"라고 하는
주빈메타의 대답은 노력만으로 안되는 것도 있다는 말일까?

1장

나는
한 살입니다

임신 중에 엄마가 먹고 듣는 것만이 아니라 생활 속에서 느끼는 감정마저 뱃속의 아기에게 그대로 전달된다는 것이 과학적으로 입증된 지금 막 태어난 아이가 정말 0살이라고 생각하세요? 아닙니다. 아기는 태어나면 한 살입니다.

　　우리나라에서는 아기가 태어나면 바로 한 살이라고 했다. 과거에는 신생아 사망률이 높을 뿐 아니라 질병도 많았고 치료도 쉽지 않아 태어나서 첫 번째 돌아오는 생일을 첫돌이라 하고 돌잔치를 하며 가족만이 아니라 마을 사람들까지 축하해 주는 풍습이 있다. 그런데 요즘 아이들에게 나이가 몇 살이냐고 물으면 한 살 또는 두 살 줄여서 만 나이 즉 서양식 계산법에 따른 나이를 말한다. 그런데 임신 중에 엄마가 먹고 듣는 것만이 아니라 생활 속에서 느끼는 감정마저 뱃속의 아기에게 그대로 전달된다는 것이 과학적으로 입증된 지금 막 태어난 아이가 정말 0살이라고 생각하세요? 아닙니다. 아기는 태어나면 한 살입니다. 그러면 예쁜 아기 사진을 많이 보면 예쁜 아기가 태어난다고 하는데 정말일까요? 임신 중에 좋은 음악을 많이 들으면 모차르트 같은 음악가가 될 수 있는 아기가 태어날 수 있나요? 라도 묻는 사람도 있다.

예쁜 아기 사진을 많이 보면 예쁜 아기가 태어난다고 하는데 정말일까요?

필자가 젊은 임산부에게 '태교는 어떻게 하고 있나요'를 물어보면 대부분 "동화를 많이 읽거나 모차르트 음악을 매일 들었어요."라고 대답하는 사람은 비교적 양호한 편에 속하지만 "태교가 중요하다는 말은 많이 들었지만 사실 어떻게 해야 할지도 모르겠고 어느 정도나 영향을 주는지는 잘 모르기 때문에 태아에게 도움이 되지 않을까? 생각하면서 자기 나름대로 하는 경우가 많다"라고 대답한다. 아마 이런 이야기가 맞을 것으로 생각한다. 그러면 '태교는 언제부터 했어요?'라는 질문에 "처음에는 뱃속에 아이가 있다는 것이 실감이 나질 않아서 나에게 좋은 것 위주로 했어요. 그런데 아기에게 이야기를 해주는 태담 태교나 음악 태교는 많이 알려져 있기는 해요, 그리고 자주 아기에게 말을 걸어주면 좋다는데, 정말 아이가 들을 수 있을까? 라는 생각에 말을 걸기가 어려웠어요. 그런데 태동이 느껴질 때부터는 아기가 뱃속에 있는 것이 느껴져 배를 쓰다듬으며 말을 걸어주었어요"라고 대답하였다. 태교할 때 어떤 마음으로 하셨나요? 라는 질문에는 "저는 되도록 좋은 생각만 하고 스트레스는 받지 않으려고 했어요. 그리고 좋지 않은 일이 생기면 '아 그럴 수도 있지', '내가 좀 더 잘하면 되지'라고 긍정적으로 생각하려고 했어요"라고 응답했다. 태교 효과에 관한 생각을 알고 싶어 5살, 7살 두 아이를 키우고 있는 엄마에게 '어떤 태교했는지 그리고 태교 효과가 있었다고 생각하는지?'를 물어보았다. 저는 주로 음악을 듣거나 노래를 많이 불렀는데 그래서인지 우리 아이는 노래 부르기를 잘하고. 박자나 음감도 있어요. 만두 돌이 지나 말을 하기 시작하면서는" 노래를 한두 번만 듣고도 반복되는 부분을 곧잘 찾아 부르더라고요. 저는 태교 효과가 있었던 것 같다"라고 하는 대답을 들을 수 있었다. 그러나 한편에서는 "저는 임신하고 태교를 잘해야겠다고 결심하고 나름대로 좋은 책 많이 읽으려고 노력했고, 좋은 클래식 음악도 많이 들었어요. 저 자신도 태교가 중요한 것도 알고 공감을 하지만 엄마가 마음먹은 대로 모든 아이가 자라나는 것은 아닌 것 같아요. 사실 제가 첫째 아이 임신 중에는 조금 신경 쓰이는 일이 많이 있어 좀 힘들었어요. 그래서 태교는 아주 열심히 했지만, 아이가 조금 예민해서 그게 걱정"이라고 대답했다.

그러면 태교에 대해 어떻게 생각해야 하는지 이제부터 알아볼까요?

1
선조들의 지혜:
태교는 임신 전부터

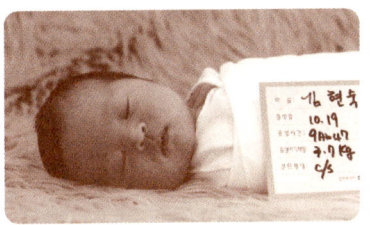

우리나라는 뱃속에서의 10개월도 자란다고 생각해서 아기가 태어나면 그때부터 한 살로 계산한다.

　태교란 "임신 중에 태아에게 좋은 영향을 주기 위하여 임산부가 지켜야 하는 교육"을 말한다. 그러나 전통사회에서 태교는 "부부가 임신 전에 부모 됨을 준비하는 마음 자세인 수태 전 마음가짐부터 시작하여 수태 시와 수태 중에 출생할 아이를 위하여 계획적이고, 교육적인 환경을 조성하는 모든 활동"이었다. 이 중에서도 특히 놀라운 것은 임신하기 전이나 임신 중의 '부모 됨에 대한 마음가짐'의 중요성을 강조한 것이다. 중국의 주자도 "아기를 배었을 때는 마음가짐을 조심

해야 한다. 착한 마음을 가지면 반드시 착한 아이를 낳을 것이고, 악한 마음을 가지면 반드시 악한 아이를 낳게 될 것"이라고 했다. 아기는 하늘이 주는 것으로 생각했기 때문에 아기가 수태되는 시간도 중요하게 생각하여 왕가에서는 부부가 합방하는 날도 택일하였고, 수태된 후에도 열 달 내내 '기다림'과 '정성'을 다하는 인격의 수양을 강조하였다. 태교신기[1]에는 "사람의 본성은 하늘에 근본 하였으나 기(基)와 질(質)은 부모에게서 받았나니, 기와 질이 한편으로 치우치면 차차로 본성을 가리어 인간다운 사람이 되지 못하니, 부모들이 어찌 생육에 대한 문제를 깊이 생각하고 조심하지 아니하리오. 아비가 낳은 것과 어미가 기르는 것, 스승이 가르치는 것 세 가지가 합하여야 완전한 사람을 만들 수 있다"라고 하였다. 그리고 아기를 잘 키우는 제일 나은 방법은 병자를 잘 치료하는 명의의 방법과 같다고 하였다. 명의는 사람이 병들기 전에 예방하는 것을 중요하게 생각하듯이, 아기를 낳아 키우는 것 역시 아기가 태어나기 전이 태어난 후보다 더 중요하다고 생각하였다. 그래서 "스승이 십 년을 잘가르치는 것이 어미가 열달을 뱃속에서 잘가 르침 만 못하고, 어미가 열 달 내내 뱃속에서 잘 가르친다고 하더라도 하룻밤 부부 교합할 때 어미와 아비의 정심함 만 못하다"라고 표현하는 등 태교에 있어서 수태 전, 수태 시, 수태 중 아버지와 어머니의 마음가짐의 중요성을 강조하였다.

---

[1] 태교신기(胎教新記)는 조선 정조 때(1800년경) 사주당 이씨가 지은 책으로 "뱃속 열 달이 출생 후 10년의 가르침보다 더 중요하다."라고 하며 태교의 중요성을 강조하고 있다.

우리 선조들은 과학이 발달되 지 않은 그 시대에 엄마의 뱃속에서 아기들은 몸과 마음이 함께 자란 다고 믿었을 뿐 아니라 임신전의 아비와 어미의 몸가짐 마음가짐부터 중요시 여긴 것은 정말 경이로운 일이 아닐 수 없다. 선조들의 지혜는 태교는 임신 전부터 해야 한다는 것이다.

태교신기(胎敎新記)는 조선 정조 때 (1800년경) 사주당 이씨가 지은 책

현대사회의 의학과 과학의 발달은 아기는 아무것도 입력되지 않 은 백지상태로 태어나는 것이 아니라 엄마의 자궁 속에서 10개월 동 안 주어지는 모든 자극과 경험을 통합하여 고유한 능력을 가지고 태어난다는 것을 밝혀주고 있다. 따라서 아기가 태어나면 즉시 한 살로 치는 우리 전통사회의 관점은 옳다고 할 수 있다.

최근 3 천년 전부터 해오던 동양의 태교에 대해 서양에서도 관심을 갖기 시작하였다. 그 하나의 예는 1983년 캐나다의 정신과 의사 버니 박사를 중심으로 토론토에서 "태아기 및 출산의 심리학"이란 주제로 제 1차 국제회의를 통해 태교의 중요성과 조산 방법의 혁신론이 일어나기 시작하였다. 이는 교육은 학교에 들어가는 취학 연령부터 하는 것이 아니라 태중에서부터 해야 한다는 것을 서양에서도 인정한 것으로 우리 조상들의 슬기로움을 확인할 수 있다.

❷ 모국어의 기원: 태아의 청력

　태교 효과에 대해서 외국의 과학자와 심리학자들도 대부분 그 과학적 효과를 입증하기가 상당히 어렵다고 말한다. 그러나 최근 임신 5개월 정도부터 나타나는 태아의 발달에 대한 연구결과가 보고 되고 있다. 대표적인 연구는 태아의 청각과 관련된 것으로 태아는 23주 무렵부터 소리를 감지하기 시작하여 임신 후반기로 갈수록 청각 능력이 크게 발달하여 엄마와 타인의 말소리를 구별할 수 있고 소리를 기억한다는 것이 밝혀졌다. 뉴욕에 있는 컬럼비아 장로교 의료센터의 윌리엄 파이퍼(William Fifer) 교수와 크리스 문(Chris Moon) 교수는 '심박수 감속' 방법을 이용하여 연구를 수행했다. 두 교수는 태아도 흥미로운 소리를 들으면 심장박동이 달라질 것이라는 가설을 세우고 임신한 여성들을 연구실로 초청하여 임산부를 침대에 눕게 한 다음 엄마가 소리를 내어 말하는 동안 태아의 심박수 변화를 기록했다. 연구자는 엄마에게 뱃속의 아기에게 "바비', '바비' 안녕! 오늘은 어떠니?" 라는 말을 반복해 달라고 요청했는데 놀랍게도 엄마가 태아에게 이 말을 할 때마다 태아의 심박수는 내려갔다. 그러나 엄마가 아무 말도 하지 않거나 다른 말 즉 '바비', '대신', '비바', '비바' 라고 말을 바꿔하면 태아의 심박수는 내려가지 않고 그대로였다. 이뿐만이 아니라 태아가 33~37주 되었을 때 즉 임신 8개월이나 9개월 정도 된 예비 엄마들에게 매일 짧은 동시를 읽어 주어 익숙해진 다음에 한 번도 듣지 못한 새로운 동시를 들려준 다음 심박수를 조사한 결과 태아는 익숙한 동시와 낯선 동시를 명확하게 구분했다는 실험 결과

도 있다. 이러한 연구를 통해 아기들은 태어나기 전부터 소리를 구별할 수 있고 기억한다는 것을 알 수 있다.

놀라운 것은 이러한 과학적 근거가 없었지만, 과거 우리나라의 전통 왕실의 태교는 거의 청각에 의존한 태교법이 많았다는 것이다.

왕실 태교를 보면 임신부는 아침에 눈을 뜨자마자 성현의 교훈을 새긴 옥판을 보고 그 말씀을 외우는 것으로 하루를 시작했다. 그 처소는 정숙을 유지하게 했으며 궁중 악사로 하여금 가야금과 거문고를 연주하게 하여 임신부가 아름다운 음악을 들으며 마음가짐을 바르게 하였다. 그러나 피리는 감정을 격하게 자극할 우려가 있어 피했으며, 밤에는 당대 최고의 이야기꾼이었던 소경으로 하여금 시를 외우게 하고 위인전 등의 교훈적인 내용들을 말하게 해 들었다는 것이다. 이처럼 옛사람들도 태아가 소리를 듣고, 기억하고 구별할 수 있는 능력이 있다는 것을 알고 청각을 자극하는 태교와 더불어 마음을 다스리는 태교를 하였다는 정말 놀라운 일이다. 사실 임신부의 뱃속은 고요한 공간이 아니다. 태아는 자궁 안에서 엄마의 심장박동 소리, 혈액이 이동하는 소리, 음식물이 들고나는 소리 등 다양한 소리를 들으며 태아기를 보내기 때문에 출생 후 주변이 너무 조용한 것보다는 규칙적인 소리를 들으며 잠이 드는 아기들이 많이 있다. 생후 2개월 된 아기를 둔 산모는 아기가 잠투정하느라 보채며 울 때 아기를 안고 귓가에 수돗물을 틀어 그 물이 쏟아지는 소리를 5분 정도만 듣게 해 도 아기가 잠이 든다고 이야기한다. 그 이유는 태아는 임신 1

개월이 되면 기본 뇌의 구조가 만들어지는데, 신경세포인 뉴런뿐 아니라 신경망인 시냅스도 치밀하게 짜인다. 이후 생후 6개월경에는 귀 모양이 형성되면서 바깥에서 나는 소리를 들을 수 있다. 들을 수 있다는 것은 뇌 기능이 작동한다는 의미이고, 이는 소리에 대한 기억이 가능하다는 얘기이다. 갓 태어난 아기가 엄마의 목소리가 들리는 방향으로 반응을 보이는 것도 태아기의 기억 때문이라는 연구 결과도 있다. 흥미로운 점은 태아가 엄마와 낯선 사람의 소리를 구별하는 것이 아니라, 익숙한 언어와 낯선 언어의 패턴을 구별한다는 그것으로 운율이나 목소리의 고저를 구별할 수 있다는 의미이다. 사실 태아기에 가장 많이 들어본 소리는 엄마의 말소리이고 말은 그 언어의 고저와 장단 등 소리 패턴이 다르다. 그래서 엄마 뱃속에서부터 들은 말이 바로 모국어(母國語, mother tongue)라고 한다. 모국어는 영어로 엄마의 혀다. 모든 아기는 뱃속에서 엄마의 혀가 움직여 내는 소리를 가장 많이 듣고 자란다. 그래서 외국 사람이 아무리 한국어를 잘한다 해도 그 억양이나 소리 패턴은 다른 것을 많이 느꼈을 것이다. 그 이유는 바로 그 엄마의 말소리 패턴이 뇌에 각인되었기 때문이다. 이것이 바로 태아에게 좋은 소리와 음악을 들려줘야 하는 이유다. 우리는 더 이상 태아를 아무것도 못 하는 무능한 존재가 아니라 언어의 차이를 구별하고 소리도 구분할 수 있을 뿐 아니라 이를 기억할 능력도 있는 인간존재라는 것을 알아야 한다.

❸ 인간형성의 특질 중 많은 것이 자궁 속에서 결정된다

최근 과학자들의 연구는 출생 후 나타나는 다양한 질병의 원인이 많은 것들이 태아의 자궁에서의 생활 때문이라고 밝히고 있다. 오레곤 주립대학의 리너스펄링연구소(Linus Pauling Institute)의 데이비드 윌리엄스는 임신기간 중 자궁 내에서 특정 물질을 섭취하고 태어난 아기는 평생 특정 질병에 걸리지 않을 것이라는 가설을 세우고 연구하였다. 쥐를 대상으로 수행한 연구 결과는 브로콜리나 양배추와 같은 채소에 들어있는 화학물질을 섭취한 어미 쥐가 출산한 아기 쥐는 발암 물질에 노출되었음에도 암에 걸리는 확률이 낮았으며 아기 쥐가 성장하는 동안 암을 억제하는 물질들을 전혀 섭취하지 못했음에도 불구하고 태중에서 특정 물질을 섭취한 아기 쥐는 다 성장한 이후에도 암에 걸리는 확률이 낮았다는 결과도 나오고 있다. 또한 현대과학은 임신 9개월 동안 태아는 심장이나 간, 췌장의 기능도 결정되고 뇌세포는 1,000억 개 정도로 형성된다는 것을 밝혀내었다. 이 기간동안 태아가 엄마의 자궁에 있으면서 흡수한 음식물의 양과 종류, 산소의 양, 공해, 약물, 스트레스가 모두 태아의 심신 건강에 출생 후 지속적인 영향을 줄 특질을 형성한다는 것이다. 즉 아기들은 태어날 때 자신의 생존을 위해 필요한 것을 모두 다 가지고 나온다는 것이다. 자신이 태어나서 풍요로운 곳에서 살 수 있을 것인지, 아니면 궁핍한 환경에서 살 것인지, 그곳이 안전한 곳인지, 아니면 불안한 삶을 살게 될지, 장수하게 될지, 미래에 어떤 질병에 취약한지, 아니면 단명할지 등에 대한 정보를 파악하고 그것에 맞게 자기 신체가 적응된 상태로 세상에 나오는 것이다.

그런데 최근 거리를 다녀보면 임신 중에 살이 찌는 것은 당연한 일인데 임신한 줄 모를 정도로 날씬한 임신부가 많다. 심지어 임신부가 많이 먹으면 아이가 비만이 될까 다이어트를 하기도 한다. 그런데 아이러니하게도 임신 중 무리한 다이어트를 하면 오히려 아이의 비만을 유발한다는 연구 결과가 발표되고 있다. 이화여대 김영주 교수팀이 2001년에 태어난 아이 106명을 9세가 될 때까지 추적 조사한 결과 저체중아의 경우 정상 체중으로 태어난 아이에 비해 혈압, 콜레스테롤, 인슐린 수치가 높았으며 비만으로 이어지는 확률도 큰 것으로 나타났다.

태아는 태반을 통해 전해지는 영양분의 양에 민감하게 반응한다. 태아 프로그래밍 가설에 의하면 자궁 속에서 오랜 기간 배고픔을 경험한 태아는 앞으로도 굶주릴 것이라 여겨 열량을 지방세포로 축적하는데, 이는 출생 후에도 계속해서 이어져 비만이 되는 악순환을 부른다는 것이다. 후성유전학자인 로즈붐 박사는 태아의 유전자가 엄마의 환경과 영양소 섭취 조건에 반응하는 상태를 러시아의 민속인형 마트료시카에 비유하고 있다. 음식이 유전자에 영향을 미칠 수 있는 제일 중요한 시기는 임신 초기로 이 시기에 영양을 제대로 섭취하면 다음 세대의 만성적 질환을 예방할 수 있다고 한다.

그러니 임신 중 어머니의 섭생과 마음가짐, 그리고 보고 듣는 모든 일상은 아주 중요한 의미가 있는 시간이다. 특히 태교를 통해 임신부의 건강, 마음가짐, 언어, 행동, 정서 등 아이의 성장에 중요한 영향을 미치는 것에 관심을 가짐으로 심신이 건강한 아이를 출산하도록 도움을 주는 것만 아니라 의학적인 측면에서도 기형아, 지적장애인, 미숙아 등의 심신장애자를 예방할 수 있다. 태아기에 받은 영향들이 이후 성장했을 때 영향을 미친다는 주장과 관련된 연구들은 인간의 질적인 측면들이 어디서 발생한 것이며, 언제부터 생겨나기 시작한 것인지 생각하기에 이르렀다. 예를 들면 노벨 경제학상을 받은 아마타 센(Amatha Sen)은 '태아 기간이 인간의 건강이나 생산성 등에 영향을 준다. 즉 불행한 태아 시절은 성인이 되었을 때 받을 수 있는 여러 가지 고통의 원인을 제공한다' 고 한다. 그러므로 자궁 속 태아의 삶을 잘 관리하는 것이 궁극적으로 비만, 심장병 등과 같은 보편적인 질환을 정복하는 길이라는 것을 주장도 나오고 있다.

  만일 충분한 시간과 증거가 갖추어지고 나면 우리의 건강과 행복이 태중에 있을 때 즉 임신기간에 결정된다는 사실은 일반화 될 수 있을 것이다. 아마도 인생의 첫 번째 사진을 산부인과 의사의 손에 안겨있는 것이 아니라, 어머니 자궁 속에서 찍힌 태아에서 출발해야 한다는 것이 자연스럽게 될 것이다.

  지금 아장아장 걷는 귀여운 아기의 독특한 특징들, 병에 잘 걸리는 아이, 차분함, 활동적인 것 등에 무엇이 우리 아이의 미래를 결정 짓는 것일까? 이러한 고민들은 부모라면 누구나 한 번쯤 해보는 것이다. 분명한 것은 시간이 지나면 지날수록 더 많은 것들이 이미 자궁 속에서 결정되고 있다는 사실을 발견하게 될 것이다.

어떤 태교를 해야 할까?

첫째, 시청각 태교: 좋은 것 보고 듣기

우리 조상들이 태교하는 핵심은 나쁜 것은 보지도 듣지도, 생각하지도, 말하지도 말라고 한 것이다. 그러므로 임산부가 혼자서는 할 수 없고, 온 가족이 임산부를 위해 좋은 생각과 좋은 말을 할 수 있도록 생활하고 좋은 소리를 들을 수 있도록 노력해야 한다. 좋은 것을 본다는 것은 임부의 정서적 측면을 고려한 것으로 마음이 편안해지는 명상 그림이나 아름다운 영상 등은 임부에게 위안이 될 수 있다. 또한 태아는 임신 5개월경부터 소리를 들을 수 있다고 했으므로 태교 음악이니 태담 태교를 염두에 두고 실행하는 것도 바람직하다. 그런 데 아기에게 좋은 소리보다는 엄마가 들어서 즐겁고 행복해지는 소리나 이야기를 들려주어야 한다. 물론 가족 간의 웃음소리나 재미있게 이야기하는 소리 등은 엄마를 행복하고 즐겁게 할 것이므로 아기에게 좋은 것이다. 그러나 화난 소리, 걱정하는 소리, 술주정하는 소리, 울음소리 등은 불안한 정서를 유발하므로 피해야 한다.

우리 조상들이 태교하는 핵심은 나쁜 것은 보지도 듣지도, 생각하지도, 말하지도 말라고 했다.

둘째, 음식으로 하는 태교 : 먹는 것이 삼대를 간다.

어머니가 섭취하는 음식은 바로 태아에게 직결되는 양양과 에너지의 근원이다. 물론 아기는 자신에게 필요한 영양분을 엄마의 몸에서 다 가져가기는 한다. 그러면 엄마는 영양불량 상태로 아기를 낳게 되고 출산 후 아기를 돌보기 어렵게 될 수도 있다. 요즘 출산 후 몸매를 생각한다고 다이어트를 하는 것은 정말 큰 문제를 일으킬 수도 있다. 임신부에게 가장 큰 과제는 영양이 풍부한 균형 잡힌 식사인데 임신 초기 하루 에너지 권장량은 2,000kcal이다. 이는 임산부가 매 끼니 밥을 한두 숟가락 더 먹고 과일과 채소 등 간식을 약간 더 먹는 정도 지만, 중요한 것은 칼로리가 아니라 영양의 질이다. 특히 임신 초기에 의사의 처방 중 하나가 엽산이다. 태아의 신경계를 비롯한 모든 장기의 발생이 임신 12주 안에 완료되므로 임신 전 3개월부터 임신 12주까지는 음식물만으로는 엽산은 충분한 섭취가 어렵기 때문에 반드시 복용해야 한다. 주로 녹색 채소에 풍부한 엽산은 키위, 시금치, 양상추 등에 많으며, 오렌지주스를 마시는 것도 도움이 된다. 그리고 저염식을 해야 한다. 그 이유는 소금의 나트륨이 체내 적혈구 내 산소를 운반하는 헤모글로빈과 단백질을 생성하는 데 중요한 역할을 하는 철분 흡수를 방해하기 때문이다. 만약 임산부가 철분이 부족하면 엄마는 빈혈에 시달리고 태아는 성장에 문제가 생길 수 있다.

그래서 가능하면 외식을 줄이라고 말하는 것이다. 최근 우리의 식탁은 너무나 많은 식품첨가물이 함유된 가공식품과 패스트푸드로 넘쳐나고 있고 환경오염으로 인한 물, 공기, 일조량에 의한 폐해가 너무나 많다. 임신부는 자신과 아기를 위해 신선한 공기와 적절한 햇빛, 제철에 생산되는 우리 농산물로 된 집밥을 먹는 것이 자신과 태어 날 아기에게 영향을 줄 뿐 아니라 그 후손에까지 영향이 이어질 수 있으므로 건강한 식생활을 실천해야 한다.

임신부는 자신과 아기를 위해 신선한 공기와 적절한 햇빛, 제철에 생산되는 우리 농산물로 된 집밥을 먹는 것이 자신과 태어날 아기에게 어떤 영향을 줄지 생각할 수 있어야 한다.

셋째, 태교는 부부가 함께한다

요즘 임신 중 또는 출산 후 우울증이 아니더라도 기뻐야 하는데 우울한 기분으로 지내는 사람들이 있다. 그 이유는 임신 중에 여성호르몬인 에스트로겐과 프로게스테론, 코르티솔 같은 스트레스 호르몬이 급격하게 늘었다가 출산 후에 급격히 떨어지기 때문이다. 물론 자신의 급격한 신체 변화도 놀랍고 하루에도 수시로 감정 기복이 반복되고 이유 없이 불안해지는데 임신한 여성이라면 당연히 경험하게 된다. 이러한 신체 변화나 감정 변화를 예민하게 받아들이기보다는 자연스러운 과정으로 여기는 것이 바람직하다.

  어느 가정이든 아내가 행복감과 안정감을 느끼려면 배우자인 남편의 역할이 중요하다. 엄마의 행복감은 아빠의 언행에 직결되므로 아빠의 역할이 크다고 할 수 있다. 특히 아기를 가진 엄마의 행복은 뱃속의 아기에게 그대로 전달되는 것으로 아빠가 임신한 아내를 행복하게 해주는 것은 아빠 자신의 미래도 보장될 수 있는 것이다. 아내가 자주 웃고 심리적으로 안정된 상태에서 태어난 건강한 아기는 아빠의 남은 인생을 행복하게 할 동반자가 되므로 부부가 조금씩이라도 편안하고 즐겁게 지내려고 노력해야 한다. 특히 이틀에 한 번 정도는 임신한 아내와 산책하는 것은 대화도 나눌 수 있고 운동도 할 수 있어 바람직하다. 아빠가 꼭 함께 해야 한다. 무엇보다 아내와 즐겁게 웃으며 즐거운 대화하는 경우 태아는 안정감을 느끼고 태어난 후에도 엄마와 아빠의 목소리에 친숙함을 느끼며 안정된 애착을 형성할 수 있을 것이다.

엄마의 스트레스가 까다로운 아이를 만든다

태아 관련 연구를 하던 사람들은 자궁 속 태아의 상태가 단순히 출산후 건강에만 영향을 미치는 것이 아니라 지능, 기질, 심지어는 정신에까지 영향을 미칠 것이라고 주장한다. 컬럼비아 대학의 케더린 몽크는 임산부의 감정 상태가 태아에게 영향을 준다는 것을 알게 되었다. 몽크는 그 이유를 알기 위해 다양한 심리상태의 임산부를 대상으로 혈압이나 심박동수 등 심리적인 지표가 될 만한 것들이 어머니와 태아에게서 각각 어떻게 나타나는지 등을 살펴보았다. 대부분 임산부의 기분이 저하되거나, 화가 난 상태에서는 태아도 침울하거나 화를 내는 것을 발견하였다. 물론 그 차이점은 아마도 부모로부터 물려받은 유전자 때문일 수도 있고 태아의 신경 시스템이 그 어머니의 감정적인 상태를 이미 모방하여 구성되었기 때문일 수도 있다. 어찌 되었든 임신부의 심장박동, 혈압, 스트레스 호르몬 지수 등은 임신기간 내내 자궁 속의 태아에게 영향을 주고 있었다. 놀라운 것은 이러한 태아 시절의 차이는 태어난 이후에 각각 다르게 나타나며 심장박동과 같은 아주 기본적인 패턴들은 성격과 관련이 있다. 그러므로 성격의 다양한 변화는 자궁 속에서 그 근본을 찾을 수 있다. 서울대학교 교수팀의 '산전 우울증과 아이의 기질 간 상관관계' 연구에 의하면 엄마의 우울 수치가 높을수록 아이는 까다로운 기질인 경우가 많은 것으로 나타났다. 임신 중 자궁 환경이 태아에게 영향을 준다는 태아 프로그래밍 가설에 따르면 태아는 외부의 스트레스를 '네가 앞으로 나오게 될 환경에 대해 알아둬야 한다'라는 신호로 받아들이면서 적응해 간다고 한다. 이런 예민함은 불안한 엄마의 뱃속에서는 적절하지만, 태어난 이후에는 불필요한 긴장을 낳게 된다. 임신한 여성의 감정적인 상태는 분명히 태어날 아이에게 영향을 미친다.

6살 우리 아이 무엇을 할 수 없다고 생각하십니까? 무엇을 할 수 있다고 생각하십니까?

25살 우리딸 무엇을 할 수 없다고 생각하십니까? 무엇을 할 수 있다고 생각하십니까?

2장

세 살버릇 여든간다

우리나라에는 "세 살 버릇 여든까지 간다"라는 속담이 있다. 심지어 아이 앞에서 냉수도 못 마신다는 말도 있지요!! 어리다고 괜찮다고 봐주고 있는 우리 아이들의 행동 이대로 좋을까요? 언제부터 가르쳐야 할까요?

우리나라에는 "세 살 버릇 여든까지 간다"라는 속담이 있다. 심지어 아이 앞에서 냉수도 못 마신다는 말도 있지요!! 어리다고 괜찮다고 봐주고 있는 우리 아이들의 행동 이대로 좋을까요? 언제부터 가르쳐야 할까요?

버릇이란 무의식중에 생각하지 않고도 자동 적으로 나오는 습관적으로 하는 행동으로 '생활 습관'과 동일하게 사용된다. 국어대사전에 의하면 '생활 습관이란 평소의 생활에서 어떤 의식 형태가 고정되어 그것이 언제나 같은 형태로 무의식중에 나타나게 된 것'으로 정의되어 있다. 무의식적이기는 하지만 생각이나 사고하는 방식은 고정관념 또는 편견이라는 말을 사용하기도 하고 행동하는 방식은 버릇이라고 말한다. 일반적으로 습관은 긍정적인 측면으로 사용되지만, 버릇은 부정적인 측면에서 사용되기 때문에 교육 현장에서는 나쁜 버릇은 고쳐야 하고 좋은 습관은 들이기를 장려하게 된다. 모든 습관은 동일한 상황에서 반복된 행동이 안정화되고 자동화되어 나중에는 안 하면 불편하게 느껴지는 것이다. 한 번 형성된 습관은 유아기 이후에는 쉽게 변하지 않는 특성을 보이고 있는데, 아이들은 성장함에 따라 여러 가지 태도, 기능 그리고 능력을 몸에 익히게 된다. 그중에서도 유아들의 건강을 유지함과 동시에 자립심과 독립심을 기르

예절 바르게 인사하기　　혼자서 옷 정리하기　　혼자서 양치질하기

는 습관을 기본 생활 습관이라고 한다. 기본 생활 습관의 내용에는 잠자기 습관, 식사 습관, 청결 습관, 자세 습관, 운동 습관, 안전 습관과 같은 건강에 관한 습관과 계획 습관, 경제 습관, 언어 습관, 학습 습관이 포함된다. 그리고 화목한 생활 습관은 기본 생활 습관에 포함된 예절, 질서의 한 부분인 인사하기, 사이좋게 지내기, 규칙 지키기 등과 더불어 소속감과 우정, 감정의 이해와 동정, 협동, 친절과 같은 내용이 관련된다. 자기 자신을 스스로 관리하는 기본 생활 습관은 빨리 형성될수록 독립적인 삶을 살게 되며 자주성의 기초가 되고 더불어 살아가는 힘의 근원이 된다. 자주성은 자아존중감을 형성시키는 것 중의 하나이며 자신이 잘할 수 있다는 신념은 자신감을 갖게 해주어 생활하는데 주도성을 갖게 만들기 때문에 중요하다. 우리나라 속담에 "세 살 버릇이 여든까지 간다." "한번 검으면 희기가 어렵다"와 같은 말이 있다. 이는 어린 시기에 형성된 생활 습관은 아이의 기본적 성품의 바탕이 될 뿐 아니라 일단 형성된 생활 습관인 버릇은 가

소성이 풍부한 아동기가 지나면 쉽게 변화하지 않는 경향이 있기 때문에 우리 선조들도 이렇게 표현한 것으로 생각한다. "어릴 때 배워서 익힌 것은 그 익힘이 지혜와 더불어 자라나고 마음과 함께 성장하여 막히고 이루지 못할 근심이 없다"라는 소학의 문구는 생의 초기 교육의 중요성과 필요성을 잘 나타내고 있다.

아이는 부모의 거울이다

왜? 아이들은 모두 어른이나 또래 친구들이 하는 것을 따라 하고 싶어 할까요? 그 이유는 거울 뉴런이 있기 때문이다. 거울 뉴런은 타인의 행동이나 의도, 감정을 머릿속에서 추측하고 모방하며 그로 인해 인간의 공감 능력과 아주 밀접한 관련을 갖는 뇌 신경세포로 다른 사람이 하는 행동을 보고 있기만 해도 자신이 그 행위를 직접 할 때와 똑같이 뇌의 영역이 활성화되게 한다. 이탈리아 파르마대학교의 신경심리학자 자코모 리촐라티(Giacomo Rizzolatti) 교수는 상대의 행동을 보고 마치 거울에 비친 자기 행동을 본 것처럼 인식하고 반응하는 '거울 신경세포'·'거울 뉴런(mirror neuron)'이 원숭이의 뇌중 전두엽에 있다는 것을 발견하였다.

타인의 행동이나 의도, 감정을 머릿속에서 추측하고 모방하며 그로 인해 인간의 공감 능력을 담당하는 신경세포를 거울 뉴런(mirror neuron)이라고 한다. 거울 뉴런은 태어나서부터 2돌 전까지의 엄마의 표정이 아이의 표정을 결정짓게 되는 것뿐만 아니라 엄마와의 애착 형성의 관련성을 잘 설명해 주고 있다.

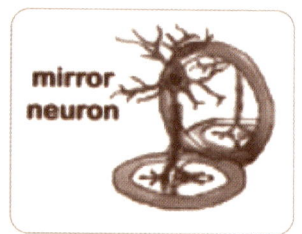

 엄마가 웃으면 아기가 따라 웃는 것만으로도 엄마들은 육아의 고통을 잊게 되고 심지어 아이와의 애착이 증진된다. 이처럼 거울 뉴런은 타인의 행위를 무의식적으로 따라 하게 만드는 원인이며 시각적 자극뿐 아니라 청각적 자극이나 문자만으로도 활성화된다. 예를 들어 '레몬주스' 말을 들으면 입에 신맛이 감지될 수 있고 '벌레가 등을 기어가고 있다'라는 문장만 읽어도 근질거림이 감각적으로 느껴질 수 있게 하는 것이 거울 뉴런이 존재하기 때문이다. 아기를 향해 혀를 내밀면 아기도 따라 하고, 주위 사람이 속삭이면 우리도 목소리를 낮추게 되며 엄마의 입 모양을 따라 하면서 언어를 배우게 되며, 엄마가 '아' 하고 소리를 내면서 입을 벌리면 아기 역시 '아' 하고 입을 벌려 음식을 먹게 된다. 더 커서는 엄마나 아빠의 행동을 흉내 내며 사회 규칙을 배우게 된다. 더 흥미로운 점은 거울 뉴런이 단순히 타인의 행동을 모방하는 데 그치지 않고 그 행위에 담겨있는 '의도'까지도 읽어 낸다는 점이다. 따라서 아기는 엄마가 놀이를 위해 자동차 열쇠를 집어 들었을 때와 운전을 하기 위해 집어 들었을 때 각각 다르게 반응한다. 아기들은 신기하게도 엄마가 외출하는 것을 말하지 않아도 알아차리고 다른 날보다 엄마를 더 찾고 우는 것이다.

어린 영유아들이 거울 뉴런을 통해 타인의 행동을 관찰하는 것만으로도 상대방의 행동을 온몸으로 이해할 수 있으며, 타인의 행동에 대한 모방을 가능하게 한다. 전자는 공감에 관한 것이며 후자는 모방 능력에 관한 내용이다. 공감은 도덕성의 기초이고, 모방은 문화의 동력이다. 어린아이들에게 그림책 표지를 보고 이 주인공이 어떤 마음에서 이런 표정을 지었는지 흉내 내보기를 시키면 아주 쉽게 따라 하는 것으로 보아 아이들은 모두 따라 하기의 천재들이다.

만일 거울 뉴런 계에 이상이 생기면 타인의 행동을 이해하는 데 문제가 생긴다. 예컨대 자폐증을 앓고 있는 사람은 사회적 상호작용이 힘들고, 언어적·비언어적 의사소통에 장애를 가지고 있으며, 특정 행동을 반복하는 상동증을 보이기도 한다. 이처럼 거울 뉴런은 아이들이 다른 사람의 감정을 공감하기 위해 반드시 행동해 볼 필요는 없으며 그림책이나 연상을 통해서도 공유할 수 있으며 부모나 주변의 의미 있는 성인들을 관찰하는 것만으로도 많은 학습이 이루어 질 수 있다. 그래서 어린아이들 있는 곳에서 함부로 행동하면 안 되는 것이다.

노래 잘하는 꾀꼬리

사람들은 꾀꼬리들이 모두 노래를 잘한다고 생각하지만 사실은 그렇지 않다. 노래를 듣기 위해 기르는 꾀꼬리는 훈련을 거친 꾀꼬리이다. 즉 꾀꼬리가 아주 어릴 때 숲에서 데려와 안정을 시킨 후 소리가 아주 예쁜 꾀꼬리를 한달 동안 옆에 두고 소리를 듣고, 소리를 내는 훈련을 거쳐 목소리가 고운 꾀꼬리가 되는 것이다. 다시 말해서 꾀꼬리도 부화되고 난 뒤 맨 처음 어떤 소리를 듣는 지에 따라 그 소리가 다르다는 것으로 보아 모든 동물들에겐 발달의 결정적 시기가 있는 듯하다. 우리 아기들도 어린 시절 어떤 사람에게 양육되느냐에 따라 표정과 말투, 행동양식 심지어 식습관까지 달라질 수 있다.

❷ 세 살이면 자율성과 수치심을 배운다

아이들이 세 살이 되면 '내가 할 거야' 라는 말을 하기 시작한다. 태어나서 천지 분간을 못 하고 자신의 의사 표현은 울음으로밖에 못 하던 아기들이 스스로 두 발로 걷고 세상을 향해 자신의 의사를 언어로 표현할 수 있으며 부모 품을 떠나 기관에서 교육을 받을 수 있게 되는 영유아의 사회적 발달을 에릭슨(Erik H. Erikson)이라는 발달 심리학자는 크게 세 단계로 나누어 설명하고 있다.

1단계는 신뢰 대 불신 (trust vs mistrust)

출생 후 첫 1년은 아기가 최초로 사회적 관계를 맺는 아주 중요한 시기이다. 아기를 주로 돌봐주는 할머니 또는 엄마는 아기가 처음으로 만나 사회적 관계가 형성되게 되므로 아주 중요하다. 만일 이 시기에 주 양육자인 어머니나 할머니와의 신뢰 관계는 아기가 세상에 대한 기본적 신뢰감을 형성하는 단초가 되지만 이들이 아기에게 적절히 반응해 주지 못하거나 일관성 없이 대하면 아기들은 세상에 대한 불신감을 느끼게 된다. 중요한 것은 이 시기에 형성된 신뢰감 또는 불신감은 다음 발달에 영향을 주기 때문에 생후 첫 1년 아기와의 신뢰 관계는 아이들의 사회적 세계의 인식에 아주 중요한 요소가 된다. 생애 초기 아기를 키우는 어른들은 아기가 자신의 주변 세계를 믿을 수 있는 안전한 세상으로 보느냐 아니냐의 여부가 자신에게 달려있다는 것을 알아야 한다.

2단계는 자율성 대 수치심(autonomy vs shame)

첫돌이 지난 아이들은 스스로 걸을 수 있게 되면서 무엇인가 혼자 하려는 의지를 보이게 된다. 이때 아기가 자율적으로 행동하면서 성취감을 맛보게 되면 자율성을 얻게 되지만 그렇지 못한 경우 예를 들어 배변 훈련 과정에서 실수하거나 너무 엄격한 훈련을 받을 경우 수치심을 갖게 된다. 만일 이 시기에 부모나 양육자들이 아기들이 혼자 할 수 있는 기회를 주지 않거나 너무 엄격하게 대하면 아이들은 '난 아직 어려서 못 해' 또는 '난 아직 아기야'라는 무력감이나 무능감을 갖게 된다. 더 중요한 것은 아기들도 자신이 사랑하는 사람, 자신을 인정해 주었으면 하는 사람들이 기대하는 행동을 적절히 수행하지 못하는 자신에 대해 '아주 부끄러운 마음' 수치심을 느끼게 된다는 것이다. 이는 자기 가치 (self-worth)에 확신을 가져올 수 없어 아주 조그만 거부 신호에도 민감해지는 아이를 만들게 된다. 어른 중에 오만하거나 뻔뻔함, 거만함은 수치심의 다른 이름이기도 하다는 것을 마음에 두어야 한다.

3단계는 주도성 대 죄책감(initiative vs guilty)

3세경이 되면 아기들은 적극적으로 주변 환경을 탐색하고 어른들의 활동에 열정을 보이고 성인의 일에서 자기 능력을 평가받고 싶어 한다. 아이가 주도적이고 자유롭게 행동하는 것을 허용하는 부모나 가족은 독립적이고 주도성이 있는 아이로 성장시킬 수 있지만 무언가를 하다가 실패하거나 자신의 목표를 이루지 못하면 죄의식이나 죄책감을 갖게 된다. 죄책감(罪責感)은 '자신이 저지른 잘못에 대하여 책임을 느끼는 감정'으로 여기에서 잘못은 개개인의 행동 기준에 의해 결정된다. 그런데 3세에서 5세 정도의 아이들은 그들이 한 행동에 책임을 지기에는 아직은 어린 나이이다. 가능하다면 아이들이 무엇인가에 열정을 가지고 참여할 기회를 주고 많은 것이 허용되어야 하는 중요한 시기이다.

이상과 같은 에릭슨의 발달 이론은 많은 사람에 의해 지지받고 있다. 그 이유는 동서양을 막론하고 세 살이면 대부분의 아이들이 자율성과 주도성을 획득하는 아이와 그렇지 못한 아이들이 나타나기 때문이다. 물론 이러한 발달 이론이 아니더라도 인생의 초기인 세 살경에 획득한 긍정적인 측면의 신뢰감이나 자율성, 주도성이 획득된다면 좋지만, 부정적 측면의 불신감 수치심, 죄책감 등이 형성되어 아이의 발달에 부정적 영향을 준다고 생각한다면 세 살쯤에 아이들이 갖게 되는 습관에 의한 행동 특성이나 감정 양식은 정말 중요하다고 할 수 있다.

③ 과보호는 자녀의 자율성을 죽인다

최근 우리 사회의 핵가족화, 소자녀, 여성의 사회참여에 의한 양육 문화는 많이 바뀌었다. 하나, 둘밖에 없는 귀한 아이에다 엄마는

전업주부보다 취업모가 많고 아기들은 첫돌만 지나도 기관에서 성장하므로 어려서부터 가장 많이 듣는 말은 '안돼, 하지마, 엄마가 해줄께'와 같은 말들이다. 아기들에게 '안돼, 하지마, 그만해'라는 말은 아이들이 무엇인가를 하려고 할 때 해볼 기회를 주지 않는 과보호의 대표적인 언어 유형으로 아이들의 자율적인 성장을 방해하게 된다.

  자율성은 외부의 어떤 성인의 권위나 제재 없이 자기결정에 의해서 생각하거나 행동하는 것을 말하는 것으로 자기조절, 자기통제, 자기결정, 독립심을 포함하는 것으로 성장하면서 그 중요성은 더욱 커진다. 만일 부모나 아이 주변의 성인들이 '사랑'이라는 이름으로 지나치게 과잉보호한다면 초등학교 취학하기 전에 반드시 획득해야 하는 자신감이나 유능함, 그리고 자기결정 능력의 토대를 쌓지 못하는 것이다. 아이들은 모두 어른이 되어가는 과정에 있다. 어머니

의 과보호와 통제적인 양육 행동은 유아의 자율성을 저하시킬 뿐 아니라 불안이나 우울, 의존심 등과 같은 정서적 문제가 발생할 수 있으며 자신의 결정과 행동에 대한 자신감과 유능감 형성에 방해가 된다(이미정, 2010). 이처럼 부모가 아이에 대한 사랑이 넘쳐 지나치게 과잉보호하는 것이 성장하면서 아이들이 반드시 획득해야 하는 자신감이나 유능함. 그리고 자기결정 능력에 방해가 되고 자신의 능력에 불안감을 갖게 하는 것이라면 아이를 도와주기 전에 한 번 더 아이에게 기회를 주어야 한다. 그리고 '혼자서 한 거야? 네 생각으로 한 거야? 멋진걸!' 하고 격려해 주는 편을 택해야 한다.

어떻게 해야 할까요?

첫째, 아이들은 부모의 거울이다.

  바람직한 생활을 하는 아이는 바로 그 부모의 생활을 보여주는 거울이기도 하다. 아이의 바른 생활 습관을 지도하기 위해서는 부모 자신의 생활 습관을 자세히 들여다 볼 필요가 있다. 바르게 생활하고 예의 바르게 행동하는 것은 어머니가 아기를 가진 때부터 이미 시작되었다고 할 수 있으며 혼자 대소변을 가릴 수 있고 혼자 옷을 입고 벗을 나이면 이미 스스로 하는 생활 습관은 형성되었다고 볼 수 있다.

  유명한 신경과학자 빌라야누르 라마찬드란(cilayanur Ramachandran) 박사는 우리가 슬픈 영화를 보면서 눈물을 흘리고, 억울한 사연을 들으면 화가 나며, 끔찍한 사건 소식에 저절로 인상이 찌푸려지는 이유가 거울신경 때문이라고 한다. 그는 사람이 타인의 행동, 의도, 감정을 추측하고 모방할 수 있는 것은 거울신경이 있기 때문이며, 언어를 사용하고 고등 문명을 발전시킬 수 있었던 것도 모두 거울신경이 있기 때문이라고 한다. 아주 어린 아이들도 사물과 사람에 대해 구별할 수 있게 되면서 어른의 행동과 감정까지도 그대로 뇌에 입력되어 따라 하게 된다. 바람직한 생활을 하는 아이는 바로 그 부모의 생활을 보여주는 거울인 것이다.

둘째, 아이들의 발달에 적합한 행동에 감탄해 주자

아이들에게는 자라면서 그 나이에 달성해야 하는 과업이 있다. 만일 그 시기에 획득하지 못하면 다음 단계로 나가는 데 어려움이 있기 때문에 발달과업이라고 한다. 그러므로 아기를 양육하고 교육하는 사람들은 각 연령의 발달과업에 대한 준거나 어린 아기들이 해당 연령에 무엇을 할 수 있는지 알고 있어야 한다.

아이들이 맨 처음 세상에 첫걸음을 내딛기 위해 긴 시간이 필요하다. 아기가 혼자 걷기 위해서는 우선 아기가 스스로 고개를 가눌 수 있고 몸을 뒤집을 수 있고 길 수 있어야 한다. 그리고 그 뒤 아기는 앉을 수 있게 되고 무엇인가를 붙잡고 서고, 붙잡고 걸을 수 있더라도 손을 놓고 혼자 걸음을 뗄 수 있기까지 무수히 넘어지면서 혼자 걷게 되기까지 꼬박 12개월이 걸린다. 이처럼 아기들은 출생하여 유아기를 지내는 동안 많은 시행착오를 거치게 되는데 아기 스스로 해본 경험이 많으면 많을수록 아이들은 잘할 수 있게 된다. 그러므로 아기들이 부모라는 안전기지 안에서 무엇인가를 해보기도 하고 실패할 기회를 많이 주고 작은 성공에도 칭찬과 감탄해 주어야 한다.

아기가 혼자 서는 것에 온 가족이 박수쳤듯이 혼자 물을 따를 수 있게 된 것, 혼자 세수하는 것, 스스로 장난감 정리한 것 등에 칭찬하고 감탄해 주면서 아기가 혼자 할 수 있는 기회를 주어야 한다. 성공해 본 기회가 많을수록 아이들은 자신감을 가지고 좋은 행동을 보란 듯이 하는 것이고 이것이 반복되면 습관이 된다. 자조 기술은 영유아가 성장하면서 독립적인 일상생활을 하는 데 필요한 기본적인 기술이다. 예를 들어 식사하기, 대소변 처리하기, 옷 입고 벗기, 목욕이나 자신의 몸을 청결하게 유지하는 등의 기술을 말한다. 이러한 기술은 한 개인의 단순한 능력으로 되기보다는 운동성, 감각, 인지, 언어, 사회성 등 여러 기능의 통합으로 발달하는 것으로 후에 대인 관계 및 사회 활동의 기초가 되기 때문에 중요하다. 영유아의 발달은 개인차가 있기는 하지만 일반적으로 연령에 따른 그 특성을 살펴보면 다음과 같다.

06-12

6개월에서 12개월 영아

1) 혼자 앉을 수 있으며 붙잡고 설수 있다.
2) 짧은 단음절의 말을 하며 안돼라는 말에 반응한다.
3) 손에 장난감을 잡을수 있고 두드려 소리를 낼 수 있다.

12-24

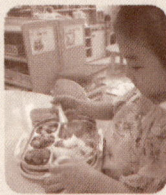  

12개월 24개월

1) 혼자 걷는다. 손이나 난간 등을 잡고 계단을 오른다.
2) 기어 올라가기를 즐기며 계단을 기어오른다.
3) 근육의 발달로 들기, 밀기, 당기기, 두드리기, 오르기 등 운동 기능 연습을 즐긴다.
4) 모퉁이 돌기나 멈추기 등의 근육조절 능력이 생긴다.
5) 휴지나 종이를 손으로 찢는 것을 좋아한다.
6) 손가락을 사용하며 손의 조작능력이 발달한다.

24-36

24개월 36개월

1) 어른의 손이나 난간을 붙잡고 계단을 잘 올라가며 곧 어른의 도움 없이 난간을 붙잡지 않고 계단을 올라간다.
2) 빨대 없이 음료수를 마신다.
3) 단추나 벨트를 풀어주면 혼자서 옷을 입거나 신을 신을 수 있다.
4) 바닥에 있는 공을 앞으로 찬다.
5) 어른의 지시에 따라 행동할 수 있다.
6) 컵에 물을 따를 수 있다.

36-

36개월 이상의 유아

1) 공던지기, 구르기, 뛰기 등의 대근육 활동과 그리기나 가위질 등 소근육 활동이 활발해진다.
2) 자신을 중심으로 위 아래, 앞 뒤의 공간개념과 기본도형을 이해한다.
3) 또래들과의 집단 활동이 가능하고 협동이나 협력이 가능해진다.
4) 혼자 용변처리와 식사, 옷입기를 할 수 있다.
5) 5세에 이르면 창의적으로 이야기도 만들 수 있다.

셋째, 사회생활 관련 습관은 지도가 필요하다.

아이들에게 필요한 일상생활 습관 즉 바른 자세나 옷을 입고 벗기, 세수하고 양치질하기, 외출 후 손 닦기 등처럼 자신의 생활을 위한 습관들도 있지만 인사하기, 사이좋게 지내기, 규칙 지키기 등처럼 사회적 관계 능력과 관련된 사회생활 습관도 있다. 그런데 사회생활에 바람직한 행동들은 배우지 않아도 저절로 나타나는 본능적 행동과는 다르므로 아이에게 기대하기는 어렵다. 행동의 옳고 그름을 배우고 바람직한 생활 습관을 익히고 규칙과 예절을 배우는 기초는 아주 어린 시기에 이루어지므로 부모는 유아들에게 행동 원칙을 가르칠 필요가 있다. 특히 질서나 예절에 필요한 행동들은 바람직한 정서의 형성이나 사회화와 인격의 기본 틀과 깊은 관련이 있어 반드시 가르쳐야 한다. 최근 어린아이들에게 가능하면 많이 허용해 주는 것이 아이들의 자신감이나 자존감 발달에 좋을 것이라고 생각하여 부모가 아이들에게 원칙 없이 너무 많은 것을 허용하는 것은 바람직한 인성 형성의 기회를 놓쳐 버리게 된다. 그러므로 바람직한 행동에 대해 아이의 눈높이에 적당한 설명과 제한은 반드시 필요하다. 즉 사회생활 관련 습관은 인격의 기본 틀로 바람직한 인격 형성 또는 사회화에 중요한 의의가 있다. 효과적인, 효율적인 부모가 되기 위해 서는 인지적으로 설명하고 본보기를 보여주고, 강화해 그 행동양식이 안정화되고 자동화되어 하나의 성품으로 자리 잡을 수 있도록 노력해야 한다.

최근 '자식은 부모하기 나름'이라는 견해가 있다. 그러나 한 인간의 인격과 지능의 변이는 절반 이상이 유전자의 차이에서 비롯된다고 하는 입장도 만만치 않다. 그 예로 태어나자마자 떨어져 자란 일란성 쌍둥이가 어떤 이유로 다른 환경에서 성장한 후 성인이 되어 만났을 때 그들의 재능과 취향에서 놀라운 유사성이 있는 경우가 있다. 이는 환경보다는 유전이 아이에게 미치는 영향이 상대적으로 크다는 것을 말해 준다. 따라서 아이의 모든 지적, 정서적 행동 특성을 부모의 양육 책임으로 전적으로 돌리는 것은 부모들의 죄책감을 키우게 된다. 물론 부모의 양육 방식이나 가정환경, 또래 집단이 아이의 행동 특성에 미치는 영향은 결코 작지 않다. 하지만 부모 역할을 지나치게 강조하여 그 책임을 부각시키는 것은 아이들의 모든 행동 특성에 대한 원인으로 간주하는 오류를 낳는다. 부모의 양육 방식은 아동의 지적, 정서적 특성에 일부 작용하는 것은 맞지만 '자식은 전적으로 부모하기 나름'이라는 견해는 옳지 않다. 양육의 모든 책임을 부모에게 만 지울 수는 없지만 취학 전 어린아이들의 경우 행동 습관은 거의 대부분 부모들의 행동 습관과 많은 관련이 있다.

3장

아빠와 많이 놀며 크는아이, 사회성도 쑥쑥

요즘 아빠 육아 프로그램이 많은 인기를 얻고 있다. 그만큼 아빠도 육아에 대한 관심이 많아진 시대. 물론 아빠한테 육아는 어려운 문제이겠지요.

'아빠의 양육 참여 어느 정도가 적당한지 아기 엄마들에게 물었습니다. '요즘은 맞벌이 가정도 많고, 또 예전과 다르게 엄마들이 아이 키우는 것을 많이 힘들어하니까 육아에 같이 참여하는 것은 당연하다고 생각해요. 그리고 하루에 최소한 30분 정도 는 아이들하고 피부 접촉을 하는 스킨십이 중요하다고 생각해요. 아이들과 좀 놀아주는 거? 그리고 아이들의 손발 닦기나, 양치하기, 밥 먹이기 정도는 같이 했으면 좋겠어요. 그리고 잘 때 같이 옆에서 자면 진짜 좋겠어요' 라는 대답하였다. 모두 어려운 일은 아니다.

인간 삶의 대부분의 시작은 아버지와 어머니 그리고 자녀들로 구성된 가정에서 시작된다. 전통적으로 자녀 양육의 일차적 책임은 어머니이며 아버지는 가장으로서 가계의 계승과 가족 생계유지의 역할을 담당하였다. 그러나, 현대사회는 여성의 경제 참여율이 높아지고 부모가 함께 자녀를 양육해야 한다는 가치관의 변화와 함께 아버지 역할에도 변화가 일어나고 있다.

　가족의 생계를 책임지던 아버지의 역할은 핵가족화로 인한 양육 자원의 감소, 여성 사회참여의 증가, 이혼 가정의 증가로 인한 한부모 가정의 증가 등 다양한 사회문화적 변화로 인해 아버지의 양육 참여는 불가피한 현실이 되었다. 정부에서도 아버지들의 육아휴직을 촉진하는 정책들을 내놓으며 앞으로도 아버지 양육 참여에 대한 관심은 더욱 높아질 것으로 보인다. 아버지의 양육 참여는 유아를 포함한 가족 모두에게 중요하며 어머니의 양육 참여와는 질적으로 다른 독자적인 역할을 한다. 신체적 활동, 동적인 활동에 보다 능동적인 역할을 하는 아버지 양육 참여는 양육자로서 아버지가 가지는 강점으로 작용한다.

　자녀 양육에 아버지가 더 많이 참여하여 공동양육자의 역할을 수행한다면 아버지와 자녀 간에 건강한 정서적 결합이 형성되며 긍정적인 관계로 발달하게 된다. 아버지의 양육 참여가 부모의 한쪽에서 받는 일방적인 자극에 비해 자녀의 사회·정서적 발달에 보다 효과적이라는 연구 결과들은 아버지의 양육 참여의 필요성을 더욱 부각하고 있다. 특히 만 3~5세 유아기는 모든 발달이 가장 민감하게 이루어지는 시기로 일생 중 지능, 호기심, 창조력이 가장 빨리 발달하고 왕성해지는 시기이다. 따라서 유아기 자녀를 둔 아버지의 양육 참여는 발달 단계의 특성상 매우 중요하다.

① 아버지는 이제 공동 양육자다

21세기에 들어서면서 아버지 양육 참여는 더욱 적극적으로 요구되고 있다. 우리나라는 1988년 남녀 고용 평등법이 처음으로 시행되었지만 2007년 남녀 고용 평등과 일·가정 양립지원에 관한 법률로 개정되었다. 이런 제도적 뒷받침과 함께 우리나라 여성의 경제활동 참가율이 50%를 넘어서면서, 여성이 경제적 파워를 갖게 되었지만, 여성의 취업에 따른 가족 내 육아 인력의 공백은 아버지와 어머니의 공동양육을 불러일으키는 원인이 되었다. 이와 같이 사회의 제도나 인식의 변화는 자녀 양육을 부모 어느 한쪽의 책임이 아니라 공동책임과 관심으로 변화시켜 아버지의 양육 참여를 강력히 요구하는 계기가 되고 있다.

실제 남성의 육아휴직도 과거에 비해 크게 늘고 있다. 1970년대 이

1970년대 이전의 아버지는 가정의 절대권력자였다.

전의 아버지는 가정의 절대권력자였다. 특히 산업화가 본격화되면서 아버지는 생계 부양자, 경제적 부양자로서 중요한 역할을 하였지만 80년대에 비로소 아버지, 남편으로서의 역할변화가 요구되기 시작했다. 90년대 여성의 사회참여가 늘어나면서 바람직한 아버지, 평등한 남편으로서의 역할을 기대하게 되었다. 2000년대는 친구 같은 아버지, 놀이상대자로서의 아버지가 요구되면서 프렌디, 스칸디 파더, 바짓바람 등의 새로운 용어들이 등장하고 있다. 심지어 2010년 미국 사회 과학연구소와 프린스턴대학이 공동으로 수행한 연구에서는 부부관계와 무관하게 육아에 적극 참여하며 15세 미만 자녀를 일상적으로 돌보는 아버지가 32%에 이른다.(미국통계국) 특히 스웨덴은 남성의 80%가 육아휴직을 하고 있다. 이는 아버지들이 아버지로서의 삶에 행복을 느끼는 새로운 아버지가 증가추세에 있다고 할 수 있다. 이처럼 양육에서 아버지의 역할이 점차 강조되며, '아빠! 어디가', '슈퍼맨이 돌아왔다' '유자식 상팔자' 등 '아버지 육아'를 전면에 내세운 예능 프로그램들이 이례적인 인기를 끌고 있다. 이는 사회가 기대하는 '아버지'의 역할이 변화하고 있음을 시사한다. 가장이라는 이름으로 집안일이나 양육에 손끝 하나 까딱 하지 않았다가는 가정에서 설 자리를 잃는다. 그러나 아직도 우리나라 맞벌이 가정에서 육아를 포함한 남성의 가사 노동 시간은 평균 37분으로 OECD 국가 중 가장 짧은 것으로 조사되었으며, 한국보건사회연구원에 따르면 남성들의 30.9%가 출산과 양육, 그리고 일의 병행이 어려운 이유는 '직장 문화와 분위기'라고 응답했다. 보건복지부는 '마더 하세요' 캠페인도 열어 아버지가 육아에 참여함으로 남성의 육아 참여의 중요성을 알리고, 아버지의 육아 참여에 대한 아버지 자신의 기쁨과 행복에 대해 알려주고 아빠도 엄마와 동동한 공동양육자임을 알리고 있다. 이제 아버지는 양육에 있어 엄마의 조력자가 아니라 '공동양육자'임을 알아야 한다.

❷ 아이들의 발달 단계에 따라 아버지 역할이 다르다

　아버지 양육 참여의 중요성을 강조하는 연구들은 아버지의 특성 및 양육 행동이 유아의 발달에 영향을 미치며 어머니와는 구별되는 독자적인 영역이 있다고 한다. 즉 유아는 부모와의 상호작용 과정에서 아버지와 놀이할 때 더 즐거워하며 아버지를 더 반긴다고 보고하고 있는데 아버지와의 놀이나 대화를 통해 의미 있는 유아-아버지 관계를 형성하게 된다. 특히 아버지들과의 신체적인 경험이나 긍정적인 대화의 경험은 유아-아버지 간의 애정적인 관계를 형성하게 되고, 이렇게 형성된 유아-아버지 관계는 유아의 사회적 안정과 정서 안정에 많은 도움을 줄 수 있다. 그런데 아이들은 출생 후 나이 증가와 더불어 신체 발달이 급속한 시기가 있고 정서와 행동 습관이 중요한 시기, 사회성과 인지발달이 이루어지는 시기가 있다. 이 단계에 따라 아버지의 역할은 달라야 한다.

1) 영아기(0세~2세) : 신뢰감 자율성 형성

자녀의 발달 과정을 세심하게 관찰하도록 하고 정서적인 지지를 통해 아버지와도 바람직한 애착 관계를 형성하여 아기와 기본적 신뢰감이 형성되도록 한다. 돌이 지나고 대소변 훈련이 시작될 때는 아이들이 스스로 해결할 수 있는 능력인 자율성이 형성되도록 지원한다.

2) 유아기(3세~6세) 주도성 형성

아버지는 유아가 주도적으로 할 수 있는 기회를 제공하는 놀이를 통해 사회적 인지적 기술을 발달시키도록 놀이 친구가 되어 주는 일이 필요하다.

3) 아동기(7세~12세)는 근면성 형성의 시기이다.

학교에 들어가면 아이들은 부모에게 의존하기보다 또래와 어울리기를 좋아한다. 따라서 또래 관계 형성을 잘 할 수 있도록 지원하고 자존중감을 발달시킬 수 있도록 격려하여 긍정적인 자아개념을 가지도록 한다. 특히 전반적인 자신의 생활에 자유를 허용하고 근면성을 발휘할 수 있도록 학교생활 및 또래 관계에 아버지의 관심과 지원이 필요하다.

아버지가 친구처럼 즐겁게 놀 수 있는 아버지 즉 친구와 같은 아버지가 되는 것이 아이들을 행복하게 하고 아이들에게 좋은 아버지가 되는 것이다.

4) 청소년기(12세 이후~18세) 자아 정체감 확립의 시기

사춘기에 들어선 자녀를 둔 아버지는 자녀의 반항, 긴장, 혼란을 인정하고 기다리는 것이 필요하다. 따라서 자녀의 행동을 가르치지 말고 긍정적으로 의사소통을 할 수 있도록 노력해야 한다. 이 시기에는 아버지가 자신의 역할을 지도자 또는 안내자로 생각하지 말고 상담자가 되어야 한다. 특히 아들의 성역할 및 성교육은 아버지가 관심을 가지고 있는 것이 필요하다. 아버지가 사회화의 대리인 또는 매개 자로서 자녀와의 친밀도가 높은 경우나 놀이와 학습에 많이 참여를 하는 경우, 자녀의 사회성, 유능성, 지도력, 적응력, 현실 대처 능력, 어머니에 대한 의존성에 차이를 가져온다. 아버지의 애정은 자녀가 사회 유능성, 이타심, 관대함, 문제해결력과 정적상관이 있고, 사랑이 결여된 아버지의 지나친 제한과 처벌은 자녀의 반사회적인 행동과 공격성, 비행과 관계가 있다.

자신의 역할을 지도자 또는 안내자로 생각하지 말고 상담자가 되어야 한다.

③ 아버지 양육 참여는
아이와 가정의 행복에 중요하다

 아버지는 양육을 도와주는 것이 아니라 공동양육자가 되었다. 최근 프랜디, 스칸디 파더, 바짓바람 등의 새로운 용어들이 등장하는 것과 더불어 엄마 같은 아버지인 대미 (Daddy+Mommy), 워킹대디 등 다양한 형태의 남성 육아 참여가 이슈다. 탐라대 고영실·부정민 교수팀이 2008년 제주 지역 어린이집을 대상으로 연구한 결과는 엄마보다 아버지와 함께 논 시간이 많은 아이일수록 대인 관계, 활동 참여, 일상 적응, 지시 따르기 등이 더 높다고 하였다. 한편, 뉴캐슬 대학 행동 및 진화연구센터의 연구는 아버지와 독서, 여행 등 재미있고 가치 있는 시간을 많이 보내면 그렇지 않은 경우보다 지능지수도 높고 사회적인 신분 상승이 높았다고 보고하고 있다. 이와 같은 아버지의 양육 효과에 관련된 연구를 요약해 보면,

첫째, 아버지와의 신체 놀이 활동은 근육, 행동 조절, 힘의 분배, 좌우뇌의 균형 발달과 자녀의 신체 발달을 촉진한다.

둘째, 아버지는 사회적 규범이나 문제해결력, 삶의 모델이 되어 아이들에게 성장 동기를 부여하여 자녀의 인지발달, 학업성취, 성취 동기에 긍정적인 영향을 준다.

셋째, 아버지가 자녀 양육에 많이 참여할수록 부부관계가 원만해지고 결혼 만족도가 높아진다. 특히 영유아기의 자녀를 둔 가정에서 아버지의 양육 참여는 자녀 양육과 관련한 어머니의 양육부담감을 줄여 주고, 배우자에 대한 만족감을 높여주게 된다.

결론적으로 아버지의 양육 참여는 아이의 전인발달과 인성교육에만 중요한 것이 아니라 엄마와 아버지, 부부관계를 긍정적으로 만들어주는 역할을 하게 된다. 이제 아버지들은 아내와 자녀를 위해 양육에 참여하는 것이 아니라 아버지 자신과 가정의 행복을 위해 양육에 참여할 필요가 있다.

아버지와 함께하는 시간이 많은 아이일수록 대인 관계, 활동 참여,
일상 적응, 지시 따르기 등이 더 높다.

④ 아버지의 양육 어떻게 하면 좋을까?

1) 아버지 양육 잘 놀아주는 것으로 충분하다

아이들에게 놀이는 휴식이 아니라 학습이다. 아버지가 해줄 수 있는 신체적 놀이는 신체적 강인감과 올바른 자아상을 만들어줄 수 있다. 특히 공격적인 남자아이들에게 몸을 사용한 거친 놀이는 흥분의 조절만이 아니라 문제해결 능력의 신장 등 다양한 장점이 있다. 아버지가 아이들과 외식하고 놀이터에 데려가 아이들끼리 알아서 놀라고 하는 것은 아버지 양육이 아니다. 아버지는 놀이 친구와 같은 신체적 기술을 통하여, 어머니는 양육적인 행동을 통하여 유아 발달에 기여하는 것으로 볼 수 있다. 아버지가 놀이참여자로서 놀이에 참여 할 때, 유아의 사회성 발달이 증가했으며 유아의 놀이유형별 아버지의 놀이 참여 수준과 유아의 사회적 능력과의 상관관계에서 구성 놀이, 교수 놀이와 불안정서 영역이 각각 상관이 있었으며 아버지가 자녀와의 놀이 참여 시간이 많을수록 유아 자신의 유능성 지각이 높게 나타났다. 그리고 신체적 놀이를 많이 해주는 아버지를 가진 유아가 친구들 사이에서 인기가 높고 아버지가 유아에게 언어적 자극을 제공할 때 친구와의 상호작용이 안정되었고 한다. 아버지와 함께 신체 접촉하는 시간이 많을수록 약물 중독, 청소년 우울·자살 등 문제가 적다는 보고들도 나오고 있다.

아버지들은 놀이를 통해 아이와 유대감을 만들고 소통하는 시간을 가져야 한다. 아이와 신나게 놀아주는 '프렌디'를 떠올리면 부담스러워하는 아버지가 많을 것이다. 하지만 아버지는 이미 어린 시절부터 경험적으로 준비된 '놀이 선생님'이다. 시간이 없다고 해도 하루 10분이라도 시간을 내서 놀아줄 마음을 가진다면 어렵지 않다. 아이의 눈높이를 맞추어 일상에서 자연스럽게 놀아주는 것이 아버지 양육이고 아버지 놀이다. 육아를 어렵다고만 생각하지 말고 아이에 대한 사랑을 표현하면 된다. 아버지와 잘 노는 아이들은 행복하다는 것을 마음속에 새기면 된다.

아버지들은 놀이를 통해 아이와
유대감을 만들고 소통하는 시간을
가져야 한다.

2) 다정하지만, 원칙을 지키는 아버지

    우리 속담에 엄부자모(嚴父慈母)라는 말이 있다. 즉 아버지는 엄하고 어머니는 자애로워야 한다는 의미인데 현대사회에서는 아버지가 엄하다는 말은 과거의 가부장적인 권위적인 엄함이 아니라 원칙을 고수할 수 있어야 한다는 의미로 해석해야 한다. 아버지들은 권위든 허용이든 양육의 원칙을 지키는 것이 중요하다. 최근 대두되는 스칸디대디는 북유럽 스웨덴, 덴마크 쪽의 육아 교육법으로 아버지와 함께 갖는 시간을 통해 아이의 자존감이나 성취감을 높여주는 효과가 있어서 좋은 교육 방법이다. 이제 아버지들은 가부장적이고 다가가기 힘든 아버지가 아닌, 자상하면서도 단호함을 갖춘 존경스러운 아버지의 모습. 그런 아버지와 시간을 많이 가질수록 아이들이 바르게 자란다고 한다. 시간이 없을 땐 전화로 아이와 통화하고, 하루에 1~5분 정도만 짬을 내 간단한 실내 놀이만 해도 아이의 두 팔이 아버지의 목을 꽉 껴안게 할 수 있다. 놀이를 통해 아이와 교감이 증가한 아버지는 아이의 속마음을 읽을 수 있다. 아이가 좋아하는 것과 싫어하는 것을 파악해 소질과 재능을 키워 줄 여지도 열린다. 여기서 중요한 것은 아버지의 원칙과 일관성이다.

아이의 눈높이를 맞추어 일상에서 자연스럽게 놀아주는 것이 아버지 양육이고 아버지 놀이다.

3) 아버지는 엄마와 공동 양육책임을 가져야 한다

과거 전통사회에서 아이가 잘못하면 아버지가 엄마를 향해 '애를 어떻게 키운 거야?'라고 호통쳤던 시대는 역사 속으로 사라져 가고 있다. 현대사회의 가족 형태 변화와 여성의 지휘 향상 및 부모-자녀 간의 변화는 아버지의 역할에 변화를 야기하였으며, 오늘날 핵가족 사회에서 자녀 교육에 아버지의 역할이 어머니와 함께 중요한 변인으로 인식되고 있다. 즉 아이가 사회에 필요한 유능하고 건강한 성인으로 성장하기 위해선 엄마와 아버지의 책임이 동일한 시대가 된 것이다. 엄마의 양육은 아이의 초기 뇌 발달과 안정감, 편안함을 제공한다. 반면 아버지는 신체적 접촉을 통한 자극으로 호기심과 창의성, 타인을 이해하는 사회성과 문제해결력 등을 키워 준다는 것을 보면 아이의 양육은 엄마와 아버지가 함께 해야 하는 것이 바람직하다. 그러므로 아버지들은 아이의 양육에 관한 결정을 할 때 아이의 의견도 중요 하지만 우선은 아이의 엄마와 전화나 문자를 통해서든 의견을 나눈 뒤 결정하는 양육의 공동 책임자로서 행동해야 한다. 또한 엄마들이 아이들에게 주로 해왔던 정서적 지원과 교육지원을 함께 하려고 노력해야 한다. 따라서 아이들의 친구 이름 기억하기 좋아하는 놀이나 활동에 대해 아이와 대화를 나누는 것만이 아니라 관심 있는 주제에 대해 충분히 소통하려는 노력을 해야 한다.

아이가 건강한 성인으로 성장하기 위해선 엄마와 아버지의 양육 책임은 동일하다는 것을 인식해야 한다.

아버지는 양육에 있어 엄마의 조력자가 아니라 '공동양육자'임을 알아야 한다. 주말에는 아이들을 위해 요리도 해주는 좋은 아버지야 한다.

좋은 아버지

아버지가 돌아가신 후 누군가 '아버지는 어떤 분이셨으냐?'고 물어왔다. 나는 순간의 망설임도 없이 '좋은 아버지'였다고 대답했다. 왜냐하면 아직도 어린 시절 어버지 무등을 타고 벚찌를 따던 일, 메뚜기 잡으러 논에 나갔다가 소나기를 만나 아버지 등에 업혀 어느 집 처마 밑에 서서 아버지 어깨 넘어 선명하게 펼쳐진 일곱 빛깔 무지개를 만나본 추억을 내게 남겨준 아버지는 좋은 아버지이다. 지금도 무지개를 보면 아버지의 어깨가 생각나는 가슴 벅찬 추억이 아버지의 선물이다. "좋은 아버지"라는 말의 의미는 무엇인가? 아이들에게 좋은 아버지는 나쁜 아버지에 비해 무엇이 다를까? 유치원 아이들에게 가장 행복한 때가 언제인지를 물어보면 많은 아이들이 엄마 아빠와 함께 무엇인가를 하고 있을 때 또는 친구들과 놀 때이다. 아버지가 친구처럼 즐겁게 놀 수 있는 아버지 즉 친구같은 아버지가 좋은 아버지이다. 친구란 서로 교감이 가능하며 나를 잘 알아주는 사람이다. 아버지들이 바쁜 사회생활 속에서 좋은 아버지가 되기란 어려울 수도 있다. 그러나 시간을 내서 아버지가 아이의 마음속으로 들어가야 하는데 아이들과 눈높이를 조절해서 교감을 만들어 내는 일이 아버지의 몫이다. 여기서 핵심은 놀이이다. 인간은 모두 놀이를 좋아한다. 놀이에는 재미가 있기 때문이다. 그 재미를 만드는 대상이 아버지이기에 일단 시동이 걸리면 아이들은 아버지를 더욱 찾는다. 그러다 보면 아이들이 성장하면서 겪게 되는 어려움을 아버지나 가족에게 자연스럽게 털어놓을 수 있고 지금과 같은 청소년 자살 문제나 사회문제는 자연스럽게 해결될 것이다. 한번 부모와 지식으로 맺어진 인연은 아버지의 긴 인생 여정을 가는 내내 함께 할 것이므로 가족만이 아니라 아버지 자신의 행복을 위해 좋은 아버지가 되어야 한다. 사실 아버지의 행복이 아이의 행복이기 때문이다.

4장

뇌는 달리기를 좋아한다

운동을 시키다 보면 학습적인 것을 놓치는 것이 아닐까? 하는 걱정을 아이를 가진 부모들은 하게 되는 데 운동은 성적 향상에 긍정적 영향을 준다는 것이 입증되었다. 운동은 체력 증진뿐만 아니라 학습 능력에도 영향을 준다고 하는데 우리 아이들의 운동 어떻게 해야 할까요?

　　우리나라 학생 7만 5천여 명의 성적을 분석해 봤더니 일주일에 두 번 운동하는 남학생은 안 하는 학생보다 성적이 높을 확률이 34%, 세 번 운동하면 46%나 높았고 여학생의 경우도 비슷했다.MBC 뉴스 (2014. 08. 13). 그런데 얼마 전 아침 자율학습 시간에 고3 학생들이 운동장에서 체육수업을 하는 장면을 보고 학부모가 교장에게 전화를 걸어 아침부터 공부 안 시키고 운동하면 오후에 피곤해서 공부할 수 없다고 당장 그만두게 하라고 항의 전화를 한 학부모가 있다는 이야기를 전해 들었다. 그만큼 부모들은 운동이 신체에 어떤 영향을 주는지 모르고 있다. 이러한 현상은 부모들이 아이들의 학업을 위해 학교의 체육 시간을 하찮게 여기는 일과 연장선상에 있다고 볼 수 있다.

　　운동은 체력 증진뿐만 아니라 학습 능력에도 영향을 준다고 하는데 우리 아이의 운동은 어떻게 해야 할까요? 우리 아이 운동보다 학업이 먼저일까요?

　　인간의 뇌는 움직임을 통해서 진화해 온 운동 뇌(moving brain)로, 자신이 살아남기 위해 환경 변화에 적응하는 운동을 할 수밖에 없으며 생존에 필요한 먹잇감을 사냥하기 위해 사전에 움직임을 계획해야 했고, 이전 경험의 바탕으로 상황을 분석해 효율적으로 움직여야 하는 과정을 통해 운동 뇌가 계속 진화해 오늘날의 인간과 같이 사고하는 고등동물이 탄생했다고 한다. 운동은 신경세포 간 연결을 강화하고 새로운 신경세포를 생성해 대뇌피질의 기능을 향상시켜 인지적 사고능력을 발달시킨다. 또한 운동이 감정을 조절할 수 있는 능력을 키워 준다는 과학적 근거는 그동안 신체의 가치와 정신적 가치를 분리해 온 심신이원론의 관점에 문제를 제기하면서 신체를 움직이는 체육활동 등이 학교 교육 본래의 목적인 지,덕,체를 갖춘 전인적 인간을 양성하는 데 필수적인 교과임을 증명하고 있다. 뇌 연구의 권위자인 하버드대 존레이티 교수는 저서〈운동화 신은 뇌〉에서 '신체와 정신은 하나'라는 이론을 바탕으로 운동과 뇌의 관계에 대한 과학적이고 치밀한 정보를 실제 사례를 통해 자세하게 전하고 있다.

대한민국의 모든 학부모가 가장 보내고 싶어 하는 대표적 고교인 민족사관고 학생들은 어떠할까? 그렇지 않다. 오히려 공부벌레만 모이고, 학교에서는 학습에만 집중할까? 그렇지 않다. 오히려 강원도민 체전에서 민족사관고 학생들이 맹활약을 펼치며 횡성군을 종합우승으로 이끈 사실이 알려져 뉴스의 초점이 되었다. 농구, 배구, 야구, 검도 등 7개 종목에 학생들이 대규모로 출전했고, 이 대회에서 남녀 농구와 야구에서 1위, 여고 배구 2위 등 뛰어난 성적을 올려 관계자들을 깜짝 놀라게 했다. 공부 잘하는 학생들에 대한 통념과는 먼 결과였기 때문이다. 그것도 대한민국 1% 영재들이 모인다는 민족사관고라 더욱 놀라운 얘기였다. 민족사관고 입시 전형에는 특별나게도 체력 테스트가 있다. 기록별 평가는 아니지만 필수항목으로 되어 있고, 입학한 후에도 매일 새벽에 태권도, 검도 등 심신 연마를 필수화하고 있다. 체육을 자습 시간으로 활용하는 다른 고교와 달리 3학년도 체육수업을 진행하고, 매주 수요일에는 '스포츠 데이'를 지정해 모든 학교와 교직원들이 다양한 운동을 하도록 하고 있다. 민족사관고의 졸업 인증제인 6품 중에 '심신 수련 품'이 들어간 것도 특징이다. 국내에서는 민족사관고를 비롯해 일부 특목고 중심으로 신체 운동에 대한 인식을 달리하고 있는 정도지만, 미국 명문대학의 경우 입학 평가 중 운동 활동과 경력에 높은 점수를 준다는 것은 널리 알려진 사실이다. 우리의 선조들은 교육에 있어 몸과 마음은 분리되어서는 안 된다고 보고, '심신쌍수(心身雙修)'를 교육의 기본으로 삼았다. 즉 교육이란 몸과 마음을 함께 닦아야 하는 것으로 본 것이다. 장영주 국학원 교육원장은 "오늘날 뇌 과학이 밝혀내고 있는 이러한 사실들은 '심신쌍수'라는 한민족 전통의 자기계발의 원리를 이제 현대과학이 하나씩 밝혀내고 있는 차원이라고 보면 될 것"이라며, "우리 선조들은 인재란 심신을 바르게 하고 하늘에서 받은 천성과 땅에서 받은 에너지를 바탕으로 자기의 가치를 높이는 사람"이라고 말했다.

1
운동과 뇌 발달의 관계는 밀접하다

 운동과 같은 신체활동은 몸과 마음을 튼튼하게 해주는 것으로 알려져 있지만 뇌의 발달에도 영향을 준다. 학교에 다니는 자녀를 둔 학부모들이 지닌 가장 큰 오해는 운동을 열심히 하는 자녀를 보면 운동에 치우친 나머지 공부를 등한시할 것 같고 학교의 체육 시간 조차 탐탁지 않게 느낀다. 그런데 운동과 같은 신체활동은 몸과 마음을 튼튼하게 해주는 것으로 알려져 있지만 운동이 뇌의 발달에 영향을 준다는 사례연구가 있다. 고려대학교 연구팀이 어렸을 때부터 운동을 해온 대학 농구 선수들과 일반학생의 뇌를 MRI촬영을 통해 비교해 보니 농구 선수들의 소뇌 일부분이 일반학생보다 평균 14% 더 큰 것으로 나타났다. 크기가 커진 소뇌 부위는 눈과 손의 협응능력을 관장하는 곳으로, 글씨를 쓰거나 그림을 그릴때 중요한 역할을 한다. 운동은 신경세포 간 연결을 강화하고 새로운 신경세포를 생성해 대뇌피질의 기능을 향상시켜 인지적 사고능력을 발달시키고 운동이 감정을 조절할 수 있는 능력을 키워 준다. 운동을 하기 전·후를 비교해 볼 때 가장 두드러진 효과는 혈류량의 증가이다. 뇌혈관 사진을 찍어 보면 운동 전에는 보이지 않던 혈관의 모양이 뚜렷하게 나타나고 전체적인 선명함도 높아진 것을 알 수 있다. 심지어 혈류량만 늘어나는 것이 아니라 새로운 뇌혈관도 형성된다. 새롭게 생긴 작은 혈관들은 뇌의 구석구석까지 혈액의 흐름을 좋게 해서 뇌세포 생성을 돕고 각종 신경전달물질과 그 재료를 효과적으로 실어 나른다. 늘어난 혈류량과 함께 신경 성장 유발 물질들의 농도도 높아지는데 죽기만 할 뿐이라고 믿었던 뇌세포들은 이러한 물질들의 도움으로 새롭게 태어나고 시냅스 연결도 촉진된다. 1.5kg도 되지 않는 뇌는 전체 체중의 2% 정도밖에 차지하지 않지만, 몸 전체에 공급되는 혈류량의 20%, 그리고 산소량의 25%가 유입되는 엄청나게 집약적으로 에너지가 소모되는 신체 부위다. 뇌가 정상적으로 작동하고 건강해지기 위해서는 뇌에 에너지가 정상적으로 공급되어야 한다. 그러므로 운동을 하게 되면 혈액순환이나 에너지 대사가 촉진되는데 이는 뇌에 공급되는 혈류량도 증가시켜서 뇌에 에너지 공급을 원활히 해 신경세포들의 활동성을 증가시킬 수 있다.

미국 일리노이대의 아서 크레이머(Arthur Kramer) 박사는 운동으로 늘어난 신경 성장 유발 물질들이 해마에서 새로운 세포들을 만들어

내고 전두엽의 크기도 키운다고 말한다. 운동이 노화를 늦출 뿐 아니라 역전시키기까지 하는 것이다. 최근에는 동물 실험에 이어 사람을 대상으로 한 연구에서 이러한 운동의 기적이 관찰되었다. 석 달 동안 달리기를 하면 신경 성장 물질은 2배 이상 증가한다고 한다. 교통사고 나 치매로 뇌의 특정한 부위가 손상된 경우, 관련된 부위를 자극할 수 있는 운동을 한다면 재활치료에도 도움이 된다.

미국의 한 대학에서 운동하는 학생들의 뇌파를 측정해 보면 운동 시작 단 20분 만에 두뇌활동이 활발해졌을 때 나타나는 P3라는 뇌파 진폭이 훨씬 커지면서 시험점수가 높아졌으며 유산소 운동을 하면 기억력을 관장하는 해마에서 새로운 세포가 만들어지고, 기억력이 좋아진다는 연구 결과도 있다.

그리고 미국 피츠버그대학교 교수인 커크 에릭슨과 그 연구진은 1988년~2009년까지 치매 노인 299명을 대상으로 매주 10~15km 정도 규칙적인 운동을 한 노인들은 인지장애나, 치매의 진행이 더디어지는 것을 알 수 있었다. 그리고 2010년 에릭슨의 연구진은 9세와 10세 49명을 대상으로 런닝머신을 뛰는 동안의 산소 섭취량 측정과 MRI 촬영한 결과 운동을 많이 한 어린이가 운동을 안 한 어린이 보다 뇌 해마의 크기가 12% 컸고, 기억력 검사에서도 더 높은 점수를 받았다.

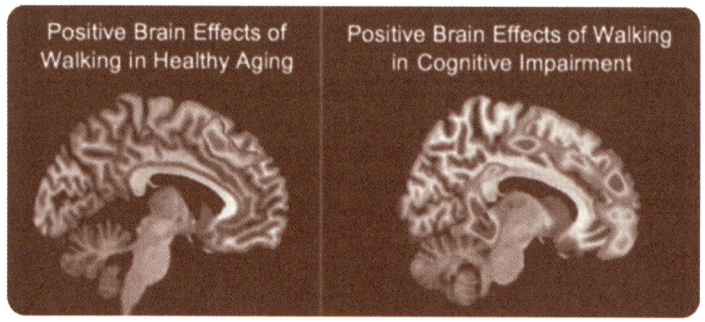

출처 : Walking slows progression of Alzheimer's, study suggests Radiological Society of North America

이처럼 운동하게 되면 대뇌의 운동영역이나 기저핵, 소뇌들이 서로 영향을 주고받게 된다. 따라서 다양한 신체활동은 뇌의 전반적인 활성화를 도모하는 효과를 갖게 된다. 가천대 뇌과학연구소 김영보 박사는 운동은 뇌에 흐르는 혈관에 혈액량을 풍부하게 하여 뇌를 움직이는데 필요한 영양분을 충분하게 공급하여 집중력이 높아지고 학습능력이 오를 수 있다고 운동과 학습의 긍정적 상관관계에 대해 언급하였다.

❷ 운동은 뇌파를 바꾼다

인간은 자신이 경험하는 자극이나 경험에 따라 뇌의 신경세포가 발생하는 전기 신호는 다양한 파형의 주파수를 만들어 내므로 사람마다 각기 다른 뇌전도(EEG, Electroencephalogram)[2] 패턴을 갖고 있다.

> ADHD(Attention Deficit Hyperactivity Disorder)라는 용어가 최근 미디어에 자주등장한다. ADHD는 '주의력결핍 과잉행동장애' 증상이다. 요즘 '장애'로 진단받을 만큼 주의가 산만한 어린이들이 늘고 있다. 유아기부터 텔레비전이나 비디오 같은 미디어에 무방비하게 장시간 노출되는 것이 원인으로 지적되고 있는데 이 밖에도 식습관을 비롯한 여러 환경 요인이 영향을 미친다고 한다. ADHD

---

[2] 대뇌피질의 활동에 의한 전위변화와 뇌파에 의하여 일어나는 뇌전류(brain current)를 기록한 전기기록도.

정도가 아니더라도 아이의 집중력이 떨어진다고 걱정하는 부모는 주변에 매우 많다. 운동할 때도 몸에 집중해서 계속 반복하면 근육이 만들어지는 것처럼, 뇌 회로도 집중과 반복에 의해 형성된다. 집중이란 뇌의 전체 기능이 한 가지 정보처리에 집약된 상태를 말한다. 흔히 집중이라고 하면 책상 앞에 한 시간쯤은 꼼짝 않고 앉아 있는 것을 생각하는데 한 점에 집중하거나 한 번의 집중은 뇌에 큰 영향을 주지 못한다. 오히려 뇌를 바짝 깨어나게 하는 집중은 주제가 있는 집중이다. 주제를 중심으로 상황 전체에 대해 깨어 있는 집중은 시야가 넓게 트인 '이완된 집중'이어서 지속성이 있다. 이러한 집중에 의해 뇌는 통합상태에 이를 수 있다. 삶의 목표가 있고 그것이 집중의 대상일 때 뇌는 가장 활발히 움직인다. 뇌를 개발하는 가장 효과적인 방법은 삶의 목표를 갖고 의지를 가장 강하게, 가장 지속적으로 낼 수 있다면 뇌는 에너지를 매우 많이 소모하면서도 아주 안정된 상태를 유지한다. 그래서 집중해서 일하고 나면 몸은 좀 지치지만 기분은 오히려 가뿐한 것이다. 이와 유사한 경험이 운동이다. 최근 유아들도 스마트 기기나, 텔레비전 등 대중매체를 통해 폭력물과 공격적 영상에 많이 노출되어 운동보다는 가만히 앉아서 시각자극에 노출되는 시간이 많다. 뇌가 폭발적으로 성장하는 8살 이전에 몸을 쓰는 운동을 많이 해야 한다. 이제 부모들은 억지로 지식을 머릿속에 넣으려하지 말고 아이를 뛰고, 놀게 함으로서 뇌를 활성화시키고 집중력을 높여주어야 한다.

뇌는 인간에게 남겨진 신체의 마지막 비밀이며 이에 대한 연구 결과는 학문 전반에 걸쳐서 엄청난 파급효과를 미치고 있고 앞으로도 그 영향력은 계속될 것이다. 지금까지 뇌파에 대한 연구는 각종 신경정신질환, 치료 효과와 관련하여 의학의 임상 뇌파 분야에서 주로 연구가 진행되었고 이밖에 생물학, 물리학, 심리학, 교육학 등의 분야에서도 뇌 기능과 관련한 뇌파 연구가 한창 진행되고 있다. 또한 공학 분야에서도 뇌파의 응용과 관련하여 뇌파로 인간의 감성을 정량화하는 기술, 뇌파로 기계를 제어하는 기술, 뇌파 자극기를 이용한 바이오피드백 장치 등을 비롯하여 국내외에서 많은 연구가 되고 있다.

건강한 뇌파를 유지한다는 것은 신경학계에서 최근에 급부상한 개념이다. 즉, 운동은 알파 범위의 뇌파 활동을 촉진하기 때문에 인간을 건강하게 만든다. 알파 뇌파 활동은 특히 집중력, 주의력, 의사 결정력과 밀접히 연관된 좌반구 전두엽에서 활발했다. 특히 운동을 하면 산소가 풍부한 혈액이 뇌에 물밀듯이 공급되면서 알파 뇌파 활동이 증가한다. 이제까지 뇌파 연구를 통해 밝혀진 결과는 뇌파가 정상의 상태나 뇌 기능과도 관련이 있다는 것이다. 예를 들어 델타파는 느릿느릿한 활동을 할 때 감지된다. 특히 수면 상태일 때 나타난다. 세타파 역시 속도가 느리다. 이는 졸릴 때나 외상성 뇌 손상과 같은 질병으로 뇌 활동이 비정상적으로 느려질 때 나타난다. 중간 대역 주파수인 알파파는 집중하고 있거나 차분하고 기민한 상태를 유지할 때 나타나고 창의력과도 관련이 있다. 빠른 베타파는 정신이 극도로 경계 태세를 갖추거나 까다로운 문제를 해결하는 상태에서 나타난다. 하지만 베타파가 과도해지면 초조함과 불면증 등의 문제점이 발생할 수 있다.

ADHD 환자의 전두엽에서는 좌우 반구를 막론하고 매우 느린 뇌파가 관찰되었다. 불안 장애가 있는 사람의 경우, 우반구에서 베타파가 과도하게 흘러나오고 있었으며 차분하고 편안하며 정상적인 상태인 뇌에서는 알파파가 지배적이었다. 마음 챙김, 건강한 식생활, 운동이나 명상 등의 활동이 뇌파를 건강하게 해준다고 할 수 있다. 뇌파는 나이에 따라 몇 가지 특별한 파형을 나타내기도 한다. 젖먹이 유아에게는 델타(δ)파가 지배적이며, 유아기에는 알파(α)파보다 세타(θ)파가 두드러지게 나타난다. 20세부터 60세까지는 뇌파의 기본 패턴으로 안정된 양상을 보이다가, 노년기에는 (델타)δ파가 증가하고 알파리듬 주기에도 연장을 보이며, 전반적인 주파수나 돌출성, 반응성에서 감소를 보이게 된다.(김흥환, 2003; 윤중수, 1999).

최근 유아들도 스마트 기기나. TV 등 대중매체를 통해 폭력물과 공격적 영상에 많이 노출되어 있으며 운동보다는 가만히 앉아서 시각 자극에 노출되는 시간이 많다. 가만히 앉아서 영상만 보는 것이 집중력이 높을까요? 최혜순 남효순(2013)은 영상 자극의 유형에 따라서 유아의 정서 안정도와 스트레스에 어떠한 차이가 있는지 살펴보기 위해 뇌파(EEG, Electroencephalogram) 측정을 실행하였다. 유아에게 안정 영상 자극과 활동 영상 자극을 제시한 후 이를 통해 유발된 유아의 정서안정도와 스트레스에 관한 뇌파지수를 측정하였다.

그 결과 유아들에게 재미와 흥미를 자극하는 시각적 영상 자극일지라도 영유아가 오랫동안 주목하도록 하는 것은 유아의 정서 안정도와 스트레스에 부정적인 영향을 주는 것으로 나타났다. 즉 과도한 영상자극의 노출은 유아의 뇌 발달에 부정적인 영향을 줄 수 있다. 이 연구가 시사하는 것은 아이들이 장시간 과도하게 영상 자극에 노출되는 것은 얼핏 보면 집중하는 것으로 보이지만 아이의 뇌에서는 스트레스 반응이 나온다는 것이다. 오히려 아이들에게 운동을 시키면 신체가 건강해지는 것은 물론, 산만하고 공격적인 아이를 착하고 차분하게 바꿔놓을 수 있다.

과잉 행동장애 초기증상을 보이는 아이들의 특징은 주의가 산만해 한눈에 알아볼 수 있다. 이처럼 ADHD 초기증상을 보이는 어린이 15명에게 한 연구진이 반년 이상 전신의 근육을 많이 쓰는 놀이를 꾸준히 시키자 주의력 결핍과 공격적 성향이 30%나 감소했다. 이처럼 전신의 근육을 쓰는 운동을 하면 뇌의 전두엽을 자극하게 되고, 자극을 받은 전두엽은 좌우뇌의 균형, 발달을 돕는다. 우뇌의 발달이 부족하면 공격성과 충동성이 강해지는데, 운동으로 뇌가 균형, 발달되면 사납고 산만한 아이를 안정되고 집중력 있는 아이로 바꿔놓을 수 있다는 것으로 보아 왜 우리가 어린아이들의 운동 부족이 문제가 되는지 이해할 수 있다.

뇌를 발달시키기 위해서는 뇌가 폭발적으로 성장하는 8살 이전에 몸을 쓰는 운동을 많이 하는 게 중요하다. 억지로 지식을 머릿속에 욱여넣으려 하지 말고 아이를 뛰고, 놀게 함으로써 뇌를 활성화시키고 집중력을 높여야 한다.

유아들에게 긍정적인 영향을 미치는 적절하고 풍부한 환경과 경험이라는 것은 단순한 학습 과제가 아니라 영유아의 전인적 발달에 적합한 환경과 보다 적극적이고 활동적인 경험을 의미한다. 아이가 마음껏 자신의 몸을 움직여 자신을 둘러싼 세상을 탐색해 볼 수 있는 기회를 제공하여 무엇이든 도전하고 실패할 수 있는 자유를 보장해 주며, 영유아의 요구에 민감하게 반응하여 적극적으로 상호작용 해주는 것이 정말 필요하다.

음악과 뇌파

아기들도 노래를 들으면 흥겨워하고 따라 부르기도 하고 손뼉을 치면서 몸을 흔들며 자신의 기분을 표현하기도 한다. 그런데 음악은 하나의 음, 소리가 공기를 진동시키며 이동해 귓속의 고막을 두드리는 것에서 시작한다. 고막의 진동은 내이에서 뇌파로 전환돼 신경 계통을 따라 멜로디나 음의 높낮이를 분석하는 뇌 영역으로 간 다음 음의 단편적 요소를 분석하고 통합하는 인지적 과정을 거쳐 만들어지는 것이다. 뇌는 소리의 고저 장단과 같은 일정한 리듬의 힘을 빌려 감정뿐 아니라 행동도 이끌어 내기에 사람들은 음악에 맞춰 행동하게 된다. 뇌파는 생리적, 심리적인 두뇌의 기능을 반영한 정서측정의 지표로서 신경 활동만을 나타내는 것 뿐 아니라, 시간 경과에 따라 계속적인 측정이 가능하여 뇌에서 진행되고 있는 활동을 평가하는데 활용되고 있다. 독일의 린덴베르거 박사는 기타리스트 8쌍에게 짧은 퓨전재즈 멜로디를 함께 연주하도록 하고 뇌파를 측정했다. 그 결과 이들이 메트로놈 비트를 들으며 연주를 준비할 때부터 뇌파의 유사성이 증가하기 시작해 함께 연주할 때 최대가 되는 것으로 나타났다. 음악가들이 함께 연주할때 화음만 맞춰지는 것이 아니라 뇌파도 일치하는 것으로 해석된다. 특히 전두엽의 뇌파는 거의 일치했고 측두엽과 두정엽의 뇌파는 연주자절반 정도는 아주 유사한 것으로 관찰됐다. 전두엽은 의사결정이나 기쁨, 슬픔, 동정심 등 고차원적 정서가 유발되며 두정엽과 측두엽은 운동, 청각, 시각 등의 감각을 관장하는 곳이다. 린덴베르거 박사는 이 연구의 결과를 사람들 간의 조화로운 행동이 서로의 뇌파 진동에 영향을주어 유사하게 맞춰지는'진동공역'현상을 보여주는 것 이라고 한다. 뇌는 언어와 함께 음악을 관장하는 회로를 따로 가지고 있으며 사람에게서 강한 감정을 야기할 뿐만 아니라 뇌를 단련시킨다고 할 수 있는데 음악을 같이 듣는 것만으로 감정을 같이 공유할 수 있는 이유가 바로 뇌파 때문이다. 아이들과 친해 지고 싶다면 음악을 함게 즐기는 것 그것부터 시작하자.

③ 신체활동은 뇌를 활성화시킨다

'뇌는 곧 몸이다'라는 말이 있다. 사람들이 뇌에 대해 가장 크게 오해하는 것이 첫째, 뇌를 쭈글쭈글한 두개골로 만 인식하는 것이고 둘째, 무의식적으로 뇌를 하나의 신체 기관으로 여긴다는 점이다. 그런데 신경과학에서 바라보는 뇌는 생물학적으로 독립된 기관이 아니라 '신경계'라는 표현이 더 적합하다. 신체 곳곳에는 수없이 많은 신경계가 그물처럼 뻗어 있으며, 이들로부터 인체의 모든 감각 신호는 척수(척추뼈 안에 있는 신경섬유다발)를 통해 뇌와 연결되고, 뇌의 운동 출력은 다시 몸 전체로 전달된다. 손을 뻗고, 걸음을 걷는 단순한 것에서부터 근육의 수축과 이완이 일어나는 동작들마다 발생되는 모든 감각 신호가 뇌로 전달되어 '느낌(지각)'이 일어난다. 즉 운동하는 것은 몸을 쓰는 것이 아니라 뇌를 움직이게 한다는 표현이 정확하다.

특히 운동이 뇌에 미치는 효과 중 하나가 도파민, 세로토닌, 노르에피네프린 같은 신경전달물질을 증가시킨다는 것이다. 이런 물질들이 증가하면 기분이 좋아지고 침착해져 자연스럽게 우울증이 예방, 또는 치료되는데 게다가 스트레스까지 낮아져서 스트레스가 유발하는 각종 질병을 자연스럽게 피할 수 있다.

운동이 생물학적 변화를 촉발해서 뇌세포들을 서로 연결시킨다는 연구 결과가 대두되면서 운동이 공부에 도움이 된다는 말이 점차 설득력을 얻고 있다. 신경과학자들이 뇌에서 일어나는 학습 과정에 대해 내놓은 많은 연구 결과를 보면, 운동이 학습에 적합한 능력과 의지를 갖추게 한다는 사실은 보다 명확해진다. 특히 유산소 운동은 외부 상황에 대처하는 능력을 길러주고 뇌의 균형을 바로잡을 뿐만 아니라 뇌 기능을 최적화하기에 자신의 가능성을 최대한 발휘하고 싶은 사람은 반드시 유산소 운동을 해야 한다는 주장이 있다. 어바나 샴페인 일리노이 주립대학 역시 초등학교 3학년과 5학년 216명의 학생을 대상으로 건강과 성적간의 관계를 분석한 결과 체질량과 폐활량이 성적과 가장 밀접하다는 것이 밝혀졌다. 즉 신체가 건강하면 집중력이 높아진다고 할 수 있다.

한편, 일리노이주 네이퍼빌 센트럴 고등학교는 정규 수업 전 실시하는 0교시 체육수업이 읽기를 포함한 여러 과목의 학습 능력 향상에 도움이 되는지 확인하게 하기 위해 0교시 체육수업을 실시한 결과 전국에서 가장 건강한 아이들, 게다가 학업성적 또한 뛰어난 아이들로 만들어 놓았다. 네이퍼빌의 체육수업은 학생들에게 운동 경기를 하는 법이 아니라 건강을 관리하는 법을 가르치는 데 핵심을 두었음에도 대학에 지원한 학생들만이 아닌 전교생 모두가 의무적으로 치러야 하는 주 학력평가 시험에서도 이 학생들이 그 주의 가장 지원을 많이 받고 있는 학교의 학생들보다 더 좋은 성적을 거두었다. 결론적으로 걷기나 달리기처럼 신체를 움직이는 것은 바로 뇌를 쓰는 것과 같은 결과라는 것이다. 대표적인 유산소 운동은 걷기, 조깅, 자전거 타기. 수영, 등산, 러닝머신 등으로 최소한 1주일에 3회, 격일제로 실시하는 것이 몸에 무리를 주지 않으면서 운동의 효과를 얻을 수 있다. 이를 통해 체력이 향상되면 주당 4~5회 이상의 운동을 실시하는 것이 지속적인 체력 향상에 도움을 주며 아침보다는 저녁 식사 후 7시에서 10시 사이가 가장 효과적이라 한다. 이 시간에 운동하면 부신피질 호르몬과 갑상샘 자극 호르몬이 가장 빨리 증가하여 신체의 각성을 높여 운동 효과가 크고 운동 후에는 잠잘 때 멜라토닌 호르몬, 성장 호르몬 분비를 촉진시켜 면역력이 올라가고 노화가 방지되며 청소년은 성장에 도움이 된다. 그러나 어떤 운동이 좋은지에 대해서는 다양한 의견이 있다. 팀이나 개인으로 서로 겨루는 격한 운동이 인지기능의 향상에 더 좋고 스트레칭의 경우는 별 효과가 없다는 연구도 있지만 스트레칭과 명상이 스트레스를 줄이고 뇌파를 떨어뜨리는 결과를 무시할 수는 없다. 또 춤이나 단체 운동처럼 사회적인 관계를 함께 체험할 수 있는 운동 형태가 좋을 수도 있다. 결론적으로 어떤 운동을 어떻게 해야 뇌에 더 좋은지는 아직 밝혀지지 않았지만, 신체활동이 뇌를 활성화하는 것은 분명하다.

④ 어떤 운동이 좋을까?

 운동은 체력 증진뿐만 아니라 학습 능력과 관련되는 기억력, 집중력, 몰입, 정서 안정성에 영향을 준다. 그럼 부모님들은 어떻게 해야 할까요?

 스마트 기기에 몰두하여 대화도 안 하고 놀지도 않는 아이들에게 신체활동, 운동을 시켜야 한다. 아이들의 뇌는 6세 이전에 95%가량 발달한다고 한다. 특히 유아기에 하는 다양한 신체활동은 뇌세포 발달을 도와주는 중요한 열쇠인데 월령에 맞는 신체활동이 제대로 이루어져야 그 효과를 볼 수 있다.

첫째, 아이들이 자신에게 적합한 신체활동에 자발적으로 참여할 기회를 제공한다.

 아이들은 각기 배우는 방법, 좋아하는 것, 신체 움직임의 정도가 모두 다르다. 따라서 공, 줄, 달리기, 정글짐, 탈것 이용하기, 혼자 하는 운동, 여럿이 하는 운동 경기나 내기 등 다양하다. 그러나 운동이 무엇인지 모르는 아이들에게는 어른들이나 또래들의 운동하는 모습을 관찰하거나 참여해 볼 기회를 줌으로 유아들이 스스로 참여하고 싶다라는 생각이 들도록 유도해야 한다. 유아에게 적절한 수준의 활동은 주의력을 갖게 하지만 너무 어려운 활동은 실패나 포기의 경험을 준다. 특히 운동은 결과보다 과정이 중요하므로 아이들에게 노력과 참여의 기회를 주고 그 과정을 격려해주는 일이 무엇보다 중요하다.

둘째, 즐거움과 재미를 줄 수 있는 신체활동을 찾아주자

즐거운 신체활동은 긍정적인 감정이 만들어져 활동이 활발해지고 세로토닌(serotonin)이라는 기분 좋은 화학물질이 분비된다. 특히 만족스러운 신체활동 경험은 자존감을 고무시키며, 긍정적인 사고를 유발시키므로 부모나 성인이 제안하는 활동을 유아들이 잘 해낼 수 있다고 생각되는 활동을 찾아주는 것이 필요하다. 유아들은 한번 잘 해낸 경험이 있으면 그다음은 더 잘 해낼 수 있으며 이 과정에서 유아들이 긍정적인 몰입경험(engagement)을 할 수 있다면 더더욱 좋다. 유아들에게 운동이란 단순히 공을 누가 더 잘 던지고 받는지, 달리기해서 누가 먼저 달리는지를 보는 것이 아니다. 그 활동이 재미있고 즐거워서 몰입할 수 있는 것이어야 한다. 그러므로 부모는 어떤 도전적인 것도 받아들일 수용적인 분위기를 마련하고, 유아 자신의 느낌이나 아이디어를 자유롭게 표현할 수 있도록 배려하여야 한다.

0세 부터 1세 사이

0세 부터 1세 사이는 반사운동단계이므로 베이비 마사지와 더불어 기고, 만지고, 붙잡고 서고, 혼자서고 호흡하는 기초적인 신경계가 발달. 아이들과 시선을 맞추고 말하고 방향을 바꾸고 위치를 바꾸는 등의 아주 기초적인 신체활동.

1세 부터 2세 까지

1~2세 까지는 기초적인 유연함, 균형을 잡는 능력, 만지고 느끼고 판단하는 능력이 발달. 물건 던지고 가져오기, 계단 오르기 숟가락 잡기 계단 오르고 내리기 등의 신체운동.

2세 부터 3세 까지

2~3세 아이들의 기초운동기능이 발달하는 시기로 뛰고, 달리고, 점프하고, 구르는 등의 기본운동능력과 듣고, 보고, 느끼고 판단하는 지각운동 능력이 함께 발달.

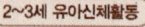

2~3세 유아신체활동

아기 강아지 걸어가기 - 무릎과 두 손바닥으로 강아지처럼 걸어간다.
제자리 깡충깡충 - 제자리에서 깡충 뛰기를 한다. 속도 변화와 방향변화에 중점을 둔다.
엉덩이로만 중심잡기 - 엉덩이만 땅에 대고 팔다리는 모두 하늘로 들어 그 자세로 중심을 잡는다.

> **3세 부터 4세 까지**
> 다양한 형태의 운동에 참여할 수 있으나 아직 근력, 심폐 기능 등의 발달은 미숙한 상태이므로 격렬하거나 장시간의 지구성 운동 보다는 즐겁고 신나는 운동을 짧게 하는 것이 좋다.

3~4세 유아신체활동

배 만들기 – 두 명이 서로 마주 앉아 손을 잡고 발바닥을 붙여 위로 뻗어 올린다.
엉덩이로 미끄러지기 – 엉덩이를 땅에 대고 손으로 밀어 앞, 뒤로 미끄러지며 이동한다.
뒤로 달리기 – 뒤로 달린다.

> **4세 부터 5세 까지**
> 4~5세에는 신체의 모든 부위가 고르게 운동될 수 있도록 전신운동을 해야 하기 때문에 여러 가지 운동종목을 접하도록 해야 한다.

4~5세 유아신체활동

다리 흔들며 일어나기 – 누워서 다리를 들어 흔들다가 다리를 앞으로 차며 윗몸을 일으킨다.
옆으로 달리기 – 두 팔을 번갈아 부딪치며 점프하는 형식으로 옆으로 달린다.
두 손 잡고 일어서기 – 둘이 두 발을 모아 앉아 있다가 손을 잡고 서로 당기며 일어난다.

> **5세 부터 6세 까지**
>
> 5~6세 자신의 신체조정이 가능하므로 줄넘기, 자전거 타기, 달리기, 수영 등 놀이를 동반하여 흥미를 유발시킬 수 있는 것이 좋다. 운동을 하기 전에는 준비운동을 충분히 시키고 운동 후에는 충분한 영향 섭취를 할 수 있도록 하고 피로해 보이면 반드시 샤워, 목욕, 휴식 등을 통하여 피로를 풀어 주어야 한다.

4~5세 유아신체활동

용수철처럼 일어나기 – 무릎을 꿇고 앉아 엉덩이를 들고 뒤로 넘어지지 않고 몸을 뒤로 젖혔다가 다시 몸을 세운다.
왕복하여 달리기 – 한 두 구간을 지정하여 갔다가 돌아오는 달리기를 한다.
달려 점프하고 손뼉 치기 – 빨리 달려가서 한 발로 점프하여 높은 곳에서 손뼉을 친다.

셋째, 유아 발달에 적합한 신체 놀이를 해야 한다.

아이들은 연령이 증가하면서 감각적 능력과 신체운동기능이 발달한다.

신이 우리에게 준 성공에 필요한 두 가지 도구는 교육과 운동이라고 하는데, 전자로 영혼을 위한 것이고, 후자로 신체를 위한 것이다. 하지만, 이 둘은 결코 분리할 수 없다. 운동을 생활과 분리하지 말고, 생활화하고 습관화할 때 체력과 지력이 동시에 좋아진다.

스마트폰 게임에 뇌는 혹사당한다

미국 사우스캐롤라이나대학교 심리학과 교수인 마크 버먼(MarcBerman) 박사는 휴식의 종류에 따른 뇌의 반응을 연구해 관심을 끈 적이 있다. 그는 먼저 실험 참여자들을 두 그룹으로 나눠 각각 수목원과도심을 50분 동안 산책하게 했다. 그런데 산책 전후 주의력과 단기 기억 능력을 비교해 보니 두 그룹에 상당한 차이가 있었다. 수목원을 산책한 사람들의 주의력과 단기 기억 능력은 산책 전에 비해 20퍼센트 좋아진 데 비해, 도심을 산책한 사람들에게선 아무런 변화가 없었다. 그 이유는 자연의 아름다움은 특별히 집중하지 않아도 충분히 감상하고 즐길 수 있지만 여러 정보가 산재해 있는 도심은 보는 이에게 엄청난 집중력을 요구하기 때문이다. 따라서 자연을 둘러보고 온 사람은 그 사이 뇌가 충분히 기력을 회복할 수 있었지만, 도심을 산책한 사람은 뇌가 제대로 쉬지 못한 결과라고 해석했다. 그러면 요즘 젊은이들은 TV로 좋아하는 프로그램을 시청하면서 스마트 폰으로 친구와 문자를 주고받는 게 아주 자연스럽다 그런데 이렇게 멀티태스킹에 능하면 집중력 향상에 도움이 될 것 같지만 여러 디지털 기기에 동시에 반응할 경우 뇌는 혹사당하고 있는 것이다. 버먼 박사는 뇌에 활기를 불어넣는 방법으로'자연과 교감하기'를 추천한다. 자연과의 교감이 집중력을 높이는 데 효과가 있다는 사실은 이미 잘 알려져 있습니다. 그밖에 공격성이나 주의력 결핍 및 과잉 행동 장애를 완화하고, 유방암 환자의 주의력 결핍을 개선한다는 연구 결과도 있다. 버먼 박사에 따르면 자연풍광이 담긴 그림이나 사진을 보는 것만으로도 자연을 산책한 것과 비슷한 효과를 얻을 수 있다고 하니 하던 일을 잠시라도 내려놓고 창밖을 보거나 자연속을 산책하는 것은 뇌 발달에 최고가 될 수 있다.

5장

아이들의 식습관

편식이란 기호에 치우친 식사로 음식의 모양이나 맛에 이상한 경험이 있거나 부모를 비롯한 가족들의 편식이 습관화되거나 신경질적이거나 욕구불만 그리고 병적인 편식 등 그 원인은 다양하다.

　　골고루 가리지 않고 잘 먹는 아이의 모습, 모든 엄마가 바라는 모습이지만 아이들은 엄마의 마음도 모르는지 잘 안 먹거나 편식하곤 합니다. 아이가 잘 자라기 위해서 무엇을 얼마나 잘 먹어야 하는지 걱정입니다. 그런데 우리 아이가 편식 안 하고 골고루 잘 먹으면 건강할까요?

　　우리는 살기 위해 먹습니다. 먹는 것은 피와 살, 그리고 근육을 만들고 생각을 할 수 있게도 한다. 특히 영유아기 영양은 뇌의 형성과 발달에 직접적인 영향을 미치고 성장과 관련된 튼튼한 뼈와 근육을 만들며 학습 능력과 어려움에 대처하는 정신적 능력 등 아이에게 정말로 심각한 영향을 미칠 수 있다.

억지로 음식을 권하면 아이들에게 먹는 즐거움을 앗아갈 수 있으며 독이 될 수 있다.

무엇을 먹는가 하는 것은 음식의 모습과 냄새 그리고 문화적 선호 또는 둘 다를 포함하는 외부 요인의 영향을 받는다. 즉 특정 음식에 대한 우리의 선호는 생물학적 토대를 가지고 있지만 경험과 문화적 선호 때문에 형성된다. 어떤 지역의 사람들은 소고기는 먹지만 돼지고기는 먹지 않기도 한다. 그리고 벌레나 동물의 내장을 먹기도 하는데 이는 대부분 문화적으로 결정되기도 하지만 자신의 가치관에 따라 식품의 선호를 결정하기도 한다.

그런데 아이들은 자신이 싫어하는 음식을 먹기까지는 적어도 810번 정도의 노출이 필요하다고 한다. 문화마다 각기 아동들에게 독특한 식품에 노출하게 되는데 이것이 어릴 때 음식의 선호성을 결정하기도 한다. 예를 들면, 이누이트인들은 물개나 바다표범의 지방을 날것으로 먹기도 하고 아이슬란드인들은 유장에 절인 고래 지방을 날것으로 먹는 것처럼 아주 추운 기후에 사는 사람들은 동물성 지방을 날로 먹는다.

이누이트인들은 물개나 바다표범의 지방을 날것으로 먹기도 한다.

한편, 멕시코에서는 소의 뇌와 혀를 먹기도 하는데 사람들은 어떤 특정 음식을 많이 먹을수록 그것을 더 좋아하게 되는 경향이 있다. 일단 사람들이 한 음식에 대한 선호를 발달시키면 그들은 그 종류의 음식을 먹기 위해 동기화되고 심지어 그 음식을 찾아다니게 된다. 예컨대, 한국 사람들이 김치에 대한 강한 선호를 발달시키고 나서 유럽이나 미국에서 생활하게 된다면 그곳에서 반드시 김치나 고추장을 찾게 되는 것과 같다.

인간은 부모로부터 받은 유전자만 다음 세대로 유전되는 것이 아니라 살면서 획득한 특성 일부가 유전된다는 것이 밝혀졌다. 환경이 유전자에 흔적을 남기고, 흔적이 유전된다. 즉 유전자는 환경의 흔적을 '기억'한다. 이러한 이론은 후성유전학(後成遺傳學, epigenetics)에서 주장하는 것으로 'DNA 염기서열의 차이가 아니라도 대물림되는 유전자 발현에 관한 연구'가 최근 관심을 끌고 있다. 유전자의 발현을 조절하는 인자인 '후성 유전체'는 유전자의 코드를 끄고 켜는 '스위치'에 비유된다. 이 스위치는 영양소에 민감하여 우리가 먹는 음식과 환경에 영향을 받는 것이고, 이 영향이 유전자처럼 후대로 이어진다고 한다. 암뿐만이 아니라 우리가 흔히 선천적인 병으로 알고 있는 당뇨, 고혈압, 심장병 등은 식생활 개선만으로도 건강을 지킬 수 있다고 한다. 후성유전학에 의하면 지금 잘못 먹은 한 끼의 음식이 나 혼자만의 건강에만 영향을 끼치는 것이 아니라 유전체의 신비한 기억을 통하여 자손 대대로 가혹한 결과를 불러 일으킬 수 있고 후대의 운명마저 바꿔 버린다고 한다.

"젊어서는 아무거나 먹어도 된다고 하는 생각은 잘못된 것이다. 특히 10세 초반 성장기의 과식은 후성 유전체에 영향을 줄 수 있다" 음식 때문에 운명이 달라지는 것이라면 지금부터라도 음식으로 운명을 바꿀 수 있다. 즉 나의 의지가 나와 내 자손을 건강하게 만들 수 있다.

요즘은 누구나 어떤 음식이 몸에 좋고 나쁜지에 대한 웬만한 내용은 다 알고 있다. 일례로 임산부가 기형아 예방을 위해 필수적으로 먹어야 하는 엽산은 채소에 들어 있다. 신선한 과일과 채소, 현미 등 자연식은 우리 몸이 원하는 것들이고, 이런 재료들은 아시아인의 전통적인 식생활에서 많이 볼 수 있다. 즉 우리 할머니 세대가 먹었음 직한 것들을 먹는 것이 건강한 식습관이라고 할 수 있다. 우리나라에서 가장 영양학적으로 실천적인 지식을 가진 사람은 할머니들이다. 자극적이지 않고 깔끔하게 음식을 잘하는 할머니들의 입맛에 이미 우리는 적응돼 있는데 가공식품 등 특정 영양소가 편중되면서 알 수 없는 병들이 생기고 후손에게마저 영향을 주고 있다. 우리의 몸은 꼭 한식이 아니더라도 새로운 음식들에 잘 적응하고 있는 것처럼 보인다. 예를 들어 "우리가 햄버거를 계속 먹는다면 3~4대 지나서 신체가 적응할 수도 있다. 하지만 지금 세대에서는 병을 앓을 수밖에 없다는 것이 문제이다. 대부분의 사람은 조상 대대로 먹어온 음식들에 우리 몸이 이미 적응이 돼 있으므로 이 균형을 잡아주어야 한다." 나는 지금 무엇을 먹고 있는가?" 우리는 올바른 음식을 먹는 것만으로도 자손의 건강까지 좌우하는 힘을 가진 존재이다.

① 아이들의 편식은 당연하다

 편식이란 기호에 치우친 식사로 그 원인은 음식의 모양이나 맛에 이상한 경험이 있거나 부모를 비롯한 가족들의 편식이 습관화되거나 신경질적이거나 욕구불만 그리고 병적인 편식 등 그 원인은 다양하다. 그런데 편식하게 되면 영양 섭취가 골고루 안 되므로 몸이 허약해지고 피로도 빨리 오고 병에 대한 저항력도 떨어져 영양소에 대해 결핍증세가 나타나므로 신체 발달과 생리적 기능에 장애가 초래된다. 랜덜프 네스와 조지 윌리엄스는 모든 식물은 자신을 보호하기 위해 높은 농도의 식물성 독소를 포함하고 있을 가능성이 많다고 한다. 어린이들은 파나 브로콜리같이 강한 향이 나는 야채를 특히 싫어하는데 이런 식물들은 쓴맛이 나거나 강한 향이 나는데 모든 감각이 예민한 아이들은 싫어 할 수밖에 없다. 아이들의 편식은 자연스러운 것이라고 할 수 있다.

　대부분의 아이는 야채를 싫어하는데 엄마들은 억지로 야채를 먹이고 싶어 하면 아이는 오히려 밥 먹기를 싫어할 수도 있다. 실제로 이를 대체할 다른 식품도 많으므로 아이가 싫어하는 것을 억지로 먹이려고 하는 노력보다는 대체식품이나 조리법을 바꿔주는 것이 더 중요하다. 그리고 실제로 최근의 연구들은 먹는 것만으로 건강할 수 없다고 한다. 푸드 피라미드의 변화를 보면 우리가 알고 있는 영양소의 한계에 대해 알려준다. 과거에 비해 새로운 푸드 피라미드는 운동을 기본 전제로 하며 각 사람의 체질과 건강 상태에 따라 섭취하는 영양소의 순서가 달라질 수 있다는 것을 주장한다. 또한 대체 영양소로 섭취가 가능한 것을 섭취하도록 권장하고 있다. 예를 들어 시금치나 멸치만을 통해서 칼슘이 섭취되는 것이 아니므로 억지로 음식을 권하기보다는 대체 음식을 통해 영양소를 공급하는 것이 좋다. 왜냐하면 억지로 음식을 권하면 아이들에게 먹는 즐거움을 앗아갈 수 있으며 독이 될 수 있다.

❷ 열량 과잉된 식사가 위험하다

　어머니들은 아이들이 많이 먹으면 즐거워하는 경향이 많다. 그러나 우리 속담에도 '지나침이 모자람만 못하다'라고 하였다. 아이들에게 적당한 양의 균형 잡힌 식사가 필요하다. 그런데 아이들에게 적당량이란 가늠하기 어렵다. Fisher 등의 연구에 의하면 같은 크기의 접시로 권장량을 제공한 군과 2배에서 2.5배의 음식을 제공한 군을 비교한 결과 2배 이상 음식이 제공된 어린이들의 음식 섭취량은 권장량을 제공한 군에 비해 25~60%까지 늘어났다. 에너지섭취량 역시 13~39% 증가하여 비만의 원인이 될 수 있는 에너지 과잉을 초래하였다. 아이들은 주어진 대로 먹는 경향이 있다. 아이들에게 적정량 이상의 음식을 제공하면 필요한 만큼 만 먹고 몸에서 필요 없는 초과량은 먹지 않고 남길 것이라는 생각은 잘못이다.

최근 현대화된 식습관으로 인해 영양 부족인 아이들보다는 과잉 열량으로 인한 소아비만에 시달리는 아이들이 많다. 소아비만은 정상 몸무게보다 10% 이상 초과하면 과체중, 20% 이상이면 비만으로 간주하는데 어릴 때의 비만은 유전이나 특정 질병 이외에 영양 과잉으로 인해 생긴다. 일단 비대증이 생기면 지방 세포 수가 늘어나고, 증가한 세포는 평생 그 수가 줄지 않는다. 몸무게가 준다고 하더라도 지방세포 수가 감소하는 게 아니라 단지 크기만 감소하는 것이므로 언제 다시 비만해질지 모른다.

비만의 가장 큰 문제는 성조숙증과 영양 부족이다. 여자아이의 경우 체중 40kg 이상, 체지방률이 20% 이상이면 대개 초경이 시작된다. 초경이 시작되었다고 성장이 당장 멈추는 것은 아니지만 성조숙이 빠를수록 성장판은 일찍 닫히고 당연히 원래 자랄 키를 모두 채우지 못한 채 성장이 멈추고 만다.

성조숙증 : 비만으로 체지방량이 증가하면 성호르몬의 분비가 일찍 시작되게 되어 성조숙증을 유발된다. 그러면 신체는 성장 호르몬의 분비량을 줄이므로 아이들의 성장에 악영향을 미치게 된다. 최근

에는 체중은 정상이더라도 신체활동 부족으로 인해 근육량은 줄고 체지방량이 상대적으로 많아 성조숙을 야기하는 경우도 있으니 특히 주의해야 한다. 적절한 영양과 운동을 반드시 병행하도록 해야 한다.

영양 부족: 최근 각종 외식 산업의 번성으로 인해 아이들의 영양 부족 현상이 두드러지게 나타난다. 아이가 또래에 비해 유난히 작거나 매사에 무기력해한다면 반드시 저영양이나 영양 결핍을 체크해보아야 한다. 지나치게 마른 체형이나 식욕 부진이 저성장을 유발하는 요인이 될 수 있다. 따라서 아이의 성장을 체크할 때, 단지 성장판 검사만 해볼 것이 아니라, 체성분 분석 및 영양 상담을 받아보아야 한다.

1992년대 하버드메디컬스쿨에서 제안한 푸드 피라미드가 처음에는 4단계로 되어 있었다. 1단계는 밥이나 빵 파스타이고 2단계는 야채와 과일, 3단계에 육류, 생선, 계, 우유 등 단백질류 4단계에 지방이나 기름 등으로 제일 많이 먹어야 하는 것이 탄수화물, 비타민, 단백질, 지방의 순으로 제안하였다.

그런데 최근 이러한 푸드 피라미드는 다음과 같이 변하였다.
즉 1단계에 신체적 활동 즉 운동을 기본으로 하고 2단계에 전곡류 즉 정제되지 않은 통일이나 현미 등의 탄수화물, 건강한 지방 즉 올리브유, 대두유와 야채와 과일 등이다. 3단계에 생선류, 가금류, 계

푸드미리드의 변화(하버드메디컬스쿨)

1992년대 미국농무성에서 지방, 오일 제안한 푸드 피라미드

란 등 단백질 중심으로 구성하고 4단계에 우유와 칼슘류, 콩과 두부류, 질 좋은 단백질과 무기질 5단계는 가능한 적게 먹어야 하는 식품으로 육류, 버터, 감자, 정제된 곡물 즉 흰색 빵이나 밥, 파스타로 구성되어 있다. 이러한 푸드 피라미드의 변화는 모든 정제된 것은 건강식이 아니라는 제안과 함께 잘 먹는 것이 건강을 보장하는 것이 아니라 제일 먼저 운동을 해야 한다는 것과 건강한 먹거리를 선택하는 것이 중요함을 말해 주고 있는 것이다.

푸드 피라미드

하버드 대학의 음식 피라미드

③ 안전한 먹거리 선택이 중요하다

 이제 어머니들은 아이들에게 무엇을 어떻게 먹일 것인가를 고민해야 한다. 국가의 경제적 성장으로 굶는 아이는 없지만 넘쳐나는 불량식품과 과열량 식품으로 무엇을 얼마나 먹여야 하는지 더 걱정이 많아졌다. 한국소비자원에서 초등학교 주변 어린이 기호식품 21개를 조사한 결과 38.1%에서 제품 용기에는 표시하지 않은 색소를 쓰거나 존재하지 않는 색소명을 허위로 적어 놓았다. 또 일부 제품에는 2008년부터 어린이 기호식품에 전면 사용 금지된 타르계 적색 2호 색소가 발견되기도 했다. 어린이가 타르계 색소를 과다 섭취할 경우 내분비계 여러 질환을 야기할 수 있다. 중앙대 식품공학과 하상도 교수는 "특히 적색 2호는 암 발생 가능성이 높아 미국에서는 사용을 금하고 있다. 우리나라에서는 얼마 전부터 일부 어린이 기호식품에서

만 금지하고 있다"라고 말했다. 황색 4호의 경우엔 천식·과잉 행동 반응 유발, 황색 5호는 두드러기·비염, 염색체 이상 반응, 적색3호는 빛에 대한 감수성 증가·갑상샘 호르몬 증가에 의한 갑상샘 항진증 유발, 적색 40호는 종양발생 위험, 청색 1호 역시 종양발생 증가 등의 위험이 보고되고 있다. 적색 102호는 미국에서는 어린이 과잉 행동 유발을 이유로, 녹색 3호는 유럽연합에서 암 발생 문제로 사용을 금하고 있다. 하 교수는 "외식과 편의식으로 끼니를 해결하는 가정이 늘면서 첨가물에 노출되는 양이 더욱 늘고 있다. 현재 과학적으로 안전하다고 인정되는 첨가물도 수십 년이 지난 후엔 어떤 평가를 받을지 아무도 모른다고 주장한다. 벌써 그런 사례가 나타나고 있다. 몇 년 전까지만 해도 안전하다던 돌신(합성감미료)·살리실산(보존료)이 퇴출당했다.

부모들이 할 수 있는 최선의 방법은 식품 표기를 꼼꼼히 읽고, 최대한 첨가물이 적게 들어간 식품을 고르는 것이다. 어린이가 타르계 색소를 과다 섭취할 경우 내분비계 여러 질환을 야기 할 수 있다. 색소 다음으로 문제 되는게 각종 보존료와 감미료다. 보존료는 세균·곰팡이·효모 등 미생물의 생육을 억제시키는 첨가물이지만 아이들이 많이 마시는 음료수에 '안식향산'이라는 이름으로 포함되어 있다. 영국 셰필드대 화학과 피터 파이터 교수는 안식향산이 세포의 활동을 저하시켜 간경변이나 파킨슨병 같은 퇴행성질환을 일으키거나 노화를 촉진할 수 있다고 주장했다. 현재 안식향산은 어른 기준으로 250㎖짜리 음료수 4캔 정도가 1일 허용치다. 소르빈산은 어묵·치즈·소시지에 포함되는 보존료로, 과다 섭취 시 발암성을 일으킬 수 있어 주의해야 한다. 어른 기준으로 어묵은 40장, 치즈는 64장이 1일 허용치다. 첨가물은 아이스크림과 빙과류 뿐 아니라 초콜릿·비스킷·사탕·햄·소시지 등 어린이가 좋아하는 가공식품에 대부분 들어간다. 특히 최근에는 약밥이나 찜닭의 갈색을 내는 데도 캐러멜색소가 쓰인다.

2013년 중앙일보 TOP 기사 중 "덥다고 탄산음료 벌컥벌컥 하루 2캔이면 아이들 건강 위험하다"라는 기사가 났다. 실제로 아이스크림 한 종류에도 10여 가지가 넘는 첨가물이 들어 있다. 특히 색깔이 선명하고 알록달록한 제품은 '첨가물'의 힘을 빌린 제품일 가능성이 높다. 서울 화곡동에 사는 한 주부는 올 초등학교 4학년인 아들 때문에 걱정이 많다. 아이가 학교에서 돌아오는 길에 항상 문구점에서 파는 '슬러시'를 먹고 혀가 파랗게 되어 들어오기 때문이다. 이 슬러시는 얼음에 형형 색깔의 색소와 사카린을 넣어 갈아 만든 음료로 아이들이 아주 좋아한다. 그런데 문제는 첨가물이다. 많은 사람들이 알고 있는 것처럼 과일 이름이 들어간 슬러시나 아이스크림엔 실제 과일이 들어가 있는 것이 아니라 그 과일의 맛을 내기 위한 각종 첨가물이 들어있을 뿐만 아니라 과즙 음료에는 설탕, 인공 감미료, 카페인까지 들어있다. 과일 주스는 과일과 달리, 무기질이 없고 식이 섬유도 함유하고 있지 않다. 어린이 기호식품인 빙과류나 탄산음료 등엔 식용 타르색소인 녹색 2호·적색3호·적색 40호 등이 많이 쓰인다.

영유아기에 먹은 음식과 학령기 때의 지능지수(IQ) 상관연구를 수행한 호주 아델라이드 대학 연구팀은 아기 7천여 명을 대상으로 생후 6개월 때, 15개월 때, 그리고 2년이 지났을 때 주로 어떤 음식을 먹었었는지를 조사하였다. 음식의 유형은 집에서 요리한 음식, 모유, 판매되는 포장된 유아식, 정크푸드로 나누었다. 그 결과 6개월 때 모유를 먹고 15개월과 24개월 때 콩, 치즈, 과일, 야채 등 건강식을 먹은 아이들은 생후 2년 동안 비스킷, 초콜릿, 단 음식, 소프트드링크(탄산음료, 과즙 등 음료수), 튀김과자를 지속적으로 먹은 아이들보다 8세 때의 IQ가 2점 높았다. 그러나 포장 유아식에 있어서는 색다른 연구 결과가 나왔다. 포장 유아식을 생후 6개월 때 먹일 경우 아이의 IQ에 부정적인 영향을 미치지만, 생후 2년째에 먹일 경우에는 오히려 IQ에 좋은 영향을 미치는 것으로 나타났다. 즉, 포장 유아식 자체가 좋거나 나쁜 것이 아니라 먹이는 시기를 잘 선택해야 한다. 연구팀장인 리사 스미서즈 연구원은 "생후 2년 동안 뇌 조직 형성기에 필요한 영양분을 공급해 주는 것이 작지만 중요한 차이를 가져온다는 걸 보여 준다"며 어릴 때 먹는 음식이 장기적으로 영향을 미칠 수 있다고 한다. 더 큰 문제는 청량음료로 아이들에게 치명적인 경우가 있다. 카페인이 들어있는 음료를 마시는 아이들의 경우 카페인이 중추 신경계를 자극해 불안과 흥분을 야기하고, 근육의 긴장과 경련, 심장 혈관의 장애를 가져오기 때문에 짜증을 잘 내며, 심장의 박동이 불규칙하고, 불면증과 산만한 행동 등 여러 가지 증상을 보일 수 있다. 카페인은 인체 내에서 공격형 호르몬 분비를 촉진시켜 아이들을 산만하고 공격적인 성격으로 만드는 데도 일조한다. 그 밖에도 청량음료에는 상큼한 청량감을 내기 위한 인산염이 쓰이는데 이는 공장에서 녹을 제거하는데 사용하는 물질로 쌀 등에 들어있는 천연 인이 아니라 인공적으로 첨가된 인은 몸속의 철분과 칼슘, 아연 등의 중요한 무기질 성분을 소변으로 나오게 한다. 일본의 한 연구는 쥐에게 사료를 동일하게 공급하면서 한편은 물, 다른 한편은 청량음료를 준 결과 청량음료를 먹은 쥐는 이빨이 썩고 뼈가 약하게 되었을 뿐만 아니라 머리뼈가 얇아진 것으로 나타났다. 그리고 청량음료에는 당분이 많이 함유돼 있어 몸 안의 비타민을 빼앗아 간다. 그로 인해 신체의 리듬이 떨어지고 무기력해지며 면역력을 떨어뜨리고 입맛까지 잃게 된다. 더욱이 '물과 비슷하다.', '물보다 흡수가 빠르다.'라고 광고하는 스포츠음료에도 인공 합성물뿐만 아니라 여타의 청량음료처럼 당분이 많이 들어가기 때문에 인공 감미료로 인한 신체적 손상을 입게 될 수 있다.

아이의 잘못된 식습관은 부모의 양육 방식에서 비롯된다. 임신, 모유 수유 기간 중의 음식 섭취 습관, 이유식 진행, 부모가 음식을 대하는 태도, 식사 분위기, 애착 관계 등에서 문제가 생기면 그것이 아이의 식습관에 영향을 준다. 아이가 유난히 단것을 좋아한다면, 욕구불만이나 심한 스트레스를 받고 있다고 생각해야 한다. 단것과 혈당은 연결되어 있기 때문이다. 욕구불만 상태가 되면 호르몬 작용으로 혈당이 떨어지고 이에 따라 불안하고 초조해진다. 혈당을 높이려는 목적으로 자신도 모르게 단것을 원하게 되는 것이다. 아이들이 단맛을 찾는 것은 욕구불만을 해소하려는 일종의 보상 심리인 것이다. 일본의 오사카 의대의 '코다 미쓰오 박사'는 "비타민 B1이 결핍된 상태에서 설탕만 먹으면 몸은 산성으로 변하는데 우리의 신체는 항상성을 유지하기 위해 뼈에 있는 칼슘을 동원하여 산성을 중화하게 된다고 말한다. 결국 몸 안에 칼슘이 결핍되게 되고 이것을 매일 반복하면 뼈가 약해질 뿐 아니라 신경질이 나고 참을성이 없어지고 쉽게 피로해지거나 칼슘 부족으로 인한 여러 가지 폐해가 나타난다. 그래서 "당분을 섭취할 때는 현미나 통밀빵 등을 먹어 비타민 B1도 섭취해주어 칼슘의 결핍을 막아야 한다. 당분의 다량 섭취가 문제가 된다기보다는 당분의 다량 섭취에서 오는 영양의 불균형이 문제가 될 수 있다.

두뇌 음식을 먹이자

　많은 부모님이 두뇌에 유익한 음식인 두뇌 음식에 대해 들어본 적이 많으실 것이다. 신문이나 방송에서 여러번 이 주제에 대해 방송한 적이 있었기 때문이다.

　어린 시절 아버지의 퇴근길에 봉지에 들고 오시던 군고구마와 군밤이 바로 두뇌 음식이다. 군고구마나 삶은 고구마는 비타민A를 만들어주는 베타카로틴 색소의 보물 창고이며 산화방지제를 다량 함유해 머리에 아주 좋은 음식이다. 더욱이 밤이나 아몬드 등 견과류나 씨앗류는 두뇌 신경전달물질의 생성에 필수적인 지방산의 풍부한 공급원이며 영양제였다. 다양한 간식이 없던 그 시절 먹을 것이라고는 토마토나 감자, 당근이었다. 이런 식품은 비타민과 미네랄을 공급해 주었다. 늘 식탁에 오르던 고등어와 꽁치는 두뇌 정보전달에 탁월한

불포화 지방산이 풍부한 뇌 음식이다. 먹는 것이 사람을 만든다. '후성유전학(epigenetic)'자들은 자신이 먹은 것이 영향력이 자식을 넘어 손자에까지 간다고 말한다. 몸에 좋은 건강식을 먹어야 몸도 두뇌도 건강해진다. 그리고 두뇌에 좋은 식품을 먹일 때 아이들의 집중력과 행동에 큰 변화가 생길 수 있다. 그러나 이를 각 가정에서 식단에 반영하기가 어렵다. 학원 시간에 쫓기며 사는 아이들, 바쁜 업무에 시달리는 부모님들이 아이들에게 제대로 된 건강식을 챙겨 먹는 일이 그리 쉽지는 않다. 손쉽게 먹을 수 있는 인스턴트나 정크푸드를 선택하는 것이 우리의 현실이다. 그러나 아이만을 위해서가 아니라 자신을 위해서라도 이제 무엇을 어떻게 먹을 것인가를 고민하고 실천할 때가 왔다. 분명히 아이의 집중력을 높이고 머리를 똑똑하게 하는 음식이 있다. 영국 런던에 "음식이 우리에게 어떠한 영향을 미치는지"를 연구하는 바이오센터가 문을 열었다. 이 연구소의 패트릭 홀포드 회장은 두뇌 음식이 아이들의 행동과 학습 능력에 영향을 준다고 믿고 음식만 잘 선택해도 아이들은 지금보다 더 똑똑해질 수 있다고 말하면서 두뇌 음식의 효과를 다음과 같이 말한다.

첫 번째, 두뇌 음식은 뇌의 연료가 된다. 자동차의 연료가 바닥나게 되면 작동하지 않듯이 뇌의 연료는 당분이다. 특히 콩, 견과류, 정제되지 않은 곡식, 과일, 채소 등 자연적이며 건강한 음식들이 두뇌와 신체의 생화학적인 불균형을 해소시키고 우리의 몸과 머리를 모두 건강하게 만든다. 두 번째, 두뇌 음식은 뇌의 소통 기능에 관여한다. 뇌세포는 서로 의사소통하는데 이때 비타민과 미네랄이 필요하다. 특히 브로콜리에 많이 들어있는 엽산이 세포 간의 정보전달 기능을 하기 때문에 엽산을 많이 섭취하면 집중력도 높아지고 기억력도 좋아지게 된다. 세 번째, 두뇌 음식은 집중력을 강화한다. 생선과 견과류에 많이 포함되어 있는 필수지방산이 풍부하고 집중력 향상에 도움이 되는 DHA와 오메가3가 풍부한 식품이다. 특히 견과류나 모든 씨앗류에는 지방과 단백질, 마그네슘이 풍부하다. 마그네슘은 정신을 차분하게 만드는 미네랄이다. 이 중에서 가장 중요한 것은 물이다. 우리 뇌의 78%는 물로 이루어져 있기 때문에 탈수가 생기면 뇌 기능이 떨어지게 된다. 결론적으로 두뇌 음식이란 뇌가 최상의 상태로 활동할 수 있도록 도와주는 모든 음식을 지칭하는 것으로 곡물과 신선한 야채와 과일, 그리고 생선과 견과류, 골고루 균형 잡힌 식단이며 식품의 효과를 증대시키는 것은 좋은 물과 운동이라고 할 수 있다.

뇌에 좋은 음식 우리 조상들도 알고 있었다

가천대 한의과대학 송호섭 교수는 고문헌을 고찰하다 보면 '정신을 안정시킨다, 정수를 보한다, 지혜나 기억력을 좋게 한다'는 표현이 많이 나오는 것으로 보아 두뇌에 좋은 음식을 우리 조상들도 알고 있었다고 한다. 그런데 우리 선조들의 삶에서 뇌에 좋은 음식은 특별한 음식이 아니라 생활 속에서 흔하게 즐겨 먹었던 음식이다. 허준의 동의보감에는 40여 가지 두뇌 음식이 등장하는데, 그중의 하나가 정신을 안정시키고 지혜를 더하는 대표적인 재료로 인삼을 꼽는다. 그리고 흔히 먹는 미나리는 정신을 함양하고 마음을 더해 두뇌에 좋으며 검은 참깨는 지혜를 더하는 음식으로 손꼽힌다. 마는 정신을 안정시키고 시골집에서 흔히 볼 수 있는 창포는 지혜를 키워 준다고 전해진다.

④ 어떻게 먹어야 할까요?

부모님들이 걱정을 많이 하는 편식은 오히려 아이들에게 자연스러운 것이다. 그러나 건강한 먹거리 때문에 걱정이 더 많아졌다. 그러면 우리 아이들의 건강을 위해서 어떻게 먹여야 할까요?

1. 열량보다 영양을 알고 먹이자

요즘 못 먹는 아이들은 없다. 잘못 먹이는 것이 문제이다. 아이들의 성장을 저해하는 요소는 먹는 식품이 아니라 소아비만이나 성조숙, 영양 결핍, 수면 부족, 운동 부족이다. 최근 급증하는 소아비만은 성장을 지연시키거나 저해하는 가장 큰 원인이다. 넉넉히 많이 주는 것이 아이를 위하는 일이 아니다. 아이의 미래와 건강을 위해 다음의 사항을 준수하는 것이 좋다.

1) 식사를 거르지 않는다. 특히 아침에 일어나서 1시간 이내에 탄수화물과 단백질이 풍부한 식사를 해야 두뇌 회전이 빨라지고 인체의 대사 과정이 활기를 띠게 된다.
2) 좋은 지방을 먹이도록 한다. 살코기, 생선, 우유, 콩류, 식물성 기름 등을 먹인다.
3) 설탕과 소금, 조미료의 백미를 줄이고 통밀이나 현미 등 정제되지 않은 탄수화물을 먹인다.
4) 감자를 제외한 신선한 채소와 과일을 많이 먹고, 저장 기간이 짧은 식품을 선택한다.
5) 단백질의 질이 좋아야 한다.
6) 편식을 줄이기 위한 다양한 조리법과 메뉴를 신경 써야 한다.
7) 먹는 행위 자체를 중요시하여 가능한 한 식탁에 앉아서 먹을 수 있도록 지도한다.
8) 먹는 것 외에 규칙적인 운동이 건강을 만든다.

2. 식품첨가물과 환경호르몬의 피해를 줄여보자

어머니의 사회 참여율이 높아지면서 아이들은 자연스럽게 집밥보다는 패스트푸드와 인스턴트 식품 등을 접할 기회가 많고 식품 안전에 취약하게 되었다. 따라서 가능하면 안전한 먹거리에 대한 생각을 가지고 식품을 선택해야 식품첨가물과 환경호르몬의 피해를 줄일 수 있다. 요즘은 자연식이라고 해도 무작정 믿을 수만은 없다. 농약을

흠뻑 뿌려댄 농산물이나 유전자 조작 농산물, 온갖 스트레스를 받으며 길러지는 가축들은 모두 산업적인 측면에서 이익을 많이 내는 쪽으로만 개량되어 온 것은 숨길 수 없는 진실이다. 그런데 우리가 먹는 음식의 원재료들이 받았을 스트레스가 그 음식을 먹는 우리 몸에도 고스란히 전해진다는 것은 이제 알만한 사람은 다 안다. 자연 그대로의 음식에 대한 가치를 인정하고 소비자들이 더 많이 찾을수록 농업도 다시 자연을 존중하는 예전 방식으로 돌아갈 수 있다. 물론 유기농 농산물은 비용이 많이 든다. 빠듯한 생활 속에서 유기농만을 고집할 수도 없다. 이런 상황에서 도시농업, 텃밭 가꾸기에 대한 관심이 늘고 있다. 좋은 먹거리에 대한 관심과 실천은 가정에서부터 시작되어야 한다. 주부의 현명한 먹거리 선택은 유전자 차원에 있어서 다음 세대의 건강까지도 챙기는 일이 된다. 아이들의 식생활은 다음과 같은 사항에 유의하는 것이 바람직할 것이다.

1) 기름기가 많은 식품이나 랩에 씌워 배달시킨 음식을 자주 먹지 않는다.
2) 캔에 열을 가한 제품은 주의해야 한다.
3) 산성이 강한 음식물을 장기 보관할 경우 플라스틱 용기를 사용하지 않아야 하며, 뜨거운 음식은 유리, 도자기제, 금속 용기 등을 사용한다.
4) 전자레인지용으로 표시된 용기 또는 포장인지 확인 후 사용해

야 하며 일회용 용기에 든 음식을 전자레인지에 넣고 덥혀서 먹지 않는다.
5) 아이들의 과자나 사탕, 음료의 경우 반드시 상품 내용을 살펴보고 구입한다. 특히, 아이들이 마시는 어린이 음료들은 반드시 식품의 표기를 잘 살펴볼 필요가 있다.

아이들의 먹거리는 반드시 상품 영양성분 표시를 확인하고 구입하여야 한다.

3. 집밥 먹기를 해보자

먹는 것이 사람을 만든다는 말이 있다. 성장기에 어떤 음식을 먹느냐 하는 것은 아이의 정신과 몸의 형성에 직결되는 것은 모두 알고 있다. 올바른 영양과 바른 먹거리, 그리고 정성이 담긴 건강한 식사는 행복한 가정의 기본인 건강을 지켜준다. 요즈음 엄마나 아버지의 직장에서도 하루 세 끼 식사를 모두 제공하는 경우도 많고 아이들은 학교나 기관에서 집단 급식이나 매식을 하게 되는 사례가 많다. 그런데 가능하면 하루 한 끼 아니면 일주일에 몇 번이라도 집밥 먹기를 계획해야 한다. 집밥은 균형 잡힌 영양 섭취를 통해 비만, 식사장애를 줄이고, 가족 간의 친밀한 유대감을 형성할 기회를 가져 정서적인 안정감과 행복감을 느낄 수 있는 시간이 된다.

일주일에 몇 번이라도 집밥 먹기를 계획하여 가족 간의 친밀한 유대감을 형성하여야 한다.

4. 뇌에 좋은 음식과 조리법을 바꾸자

영국 바이오센터에서는 음식이 아이들의 행동과 학습 능력에 영향을 준다고 믿고 영국에서 가장 성적이 저조한 런던 외곽의 친햄파크 초등학교에서 음식이 아이들의 행동과 성적에 어떠한 영향을 주는지 실험을 했다. 음식 교육을 정규 수업으로 도입하여 무엇이 몸에 좋은지, 해로운지 학생들이 알 수 있게 교육하고 식품을 직접 손과 몸에 익히는 수업을 하고 모든 식품을 유기농으로 바꾸었다. 조리할 때는 조미료를 절대 사용하지 않고 튀김 종류는 모두 없애고 찌거나 삶은 방식 그리고 식단을 건강식으로 교체하였다. 그리고 점심을 먹고 난 뒤 어유와 비타민 등 보충제를 먹게 하고 속도, 지구력, 순발력 훈련 등 뇌에 원활하게 산소를 공급해 주는 뇌에 좋은 운동을 하게 했다. 그 결과 3년 뒤 아이들은 눈에 보일 정도로 집중력이 좋아지고 폭력이 줄어드는 등 놀라운 변화가 나타났다. 한편, 우리나라의 학교에서도 수업에 집중하지 못하는 산만한 아이들이 계속 늘고 있어 집중력을 키우기 위해 고민하는 학교를 찾아 음식으로 변화가 가능한지 실험하였다. 연구팀은 서울의 S 초등학교와 협조하여 뇌에 좋은 운동과 음식을 적용한 7주간의 프로젝트를 수행하였다. 프로젝트는 집단을 두 집단으로 나누어 한 집단은 두뇌 음식만으로, 다른 한 집단은 두뇌 음식과 운동을 병행하여 실험하였다. 실험하기 전에 전문기관에 의뢰해 집중력 검사와 10명 표본을 뽑아 뇌파검사를 수행하였다. 그리고 가정과 협조하여 뇌에 좋은 음식인 해바라기씨 20g과 어유를 나누어 주고 하루에 정해진 양을 휴일에도 먹을 수 있도록 협조를 당부하였다. 부모님들께 가정 통신문으로 7주간의 프로젝트 기간에는 외식이나 정크푸드나 인스탄트 음식을 피하고 과일, 야채, 생선 위주의 식단으로 바꾸도록 당부하였다. 7주간의 프로젝트가 끝난 후 사전검사와 똑같은 조건으로 집중력 검사와 뇌파검사를 하여 아이들의 집중력이 얼마나 달라졌는지 알아보았다. 검사 결과 음식만 개선한 반과 두뇌 운동을 병행한 반 모두 집중력이 약간씩 높아진 것으로 나타났다. 뇌파 검사를 실시한 10명의 아이들 중 2명을 제외한 나머지 학생들은 뇌파검사에서 집중력이 상당히 높아진 것으로 나타났다. 완벽하게 급식을 개선하지 못한 상태에서도 7주 만에 집중력이 높아진 걸 확인할 수 있었다. 결국 뇌에 좋은 음식이나 조리법이 있다는 것이다. 그러면 부모들은 더 이상 망설일 필요가 없이 실행에 옮기면 된다.

6장

재능은
타고날까요?

한 부모 아래의 형제, 자매도 생김새와 성격, 재능이 다르듯이 이 세상의 모든 아이들은 각자 다른 성격과 관심사, 재능을 가지고 있다. 운동 잘하는 아이, 노래를 잘 부르는 아이, 그림을 잘 그리는 아이 등 아이들은 각자 자신만의 독특한 재능을 타고났다. 하루하루 성장하고 있다.

다양한 개성과 재능을 가진 아이들 그 꿈도 다양하겠죠? 그런데 재능은 타고날까요?

이다음에 커서 무엇을 하는 사람이 되고 싶니? 라는 질문에 유치원 아이들은 '선생님이 되고 싶어요'라고 대답한다. 그런데 이 아이의 아버지에게 아이가 나중에 커서 어떤 사람이 되었으면 합니까? 라고 질문하니 제가 바라는 것은 '자기가 하고 싶은 일, 돈에 연연하지 않고 하고 싶은 일을 했으면 좋겠어요'라고 대답한다. 다시 초등학교 다니는 아이에게 이다음에 커서 무엇을 하는 사람이 되고 싶으냐고 하니 '검도를 가르치는 검도 관장님'이 되고 싶다고 한다. 다시 그 아이의 아버지에게 아이가 커서 어떤 사람이 되었으면 합니까? 라고 질문했다. 아이의 아빠는 '우리 아이의 꿈을 이뤄갈 수 있도록 도와주고는 싶고요. 어…. 근데 어른의 입장에서는 현실이라는 부분이 있기 때문에 검도하면서도 다른 곳에서 인정받는 검도를 잘하는 초등학교 아니면 중학교 체육 선생님'이라고 이야기하는 것이었다. 이처럼 아이들의 연령에 따라 꿈도 다양하지만, 부모님들 역시 아이들이 잘하는 방향으로 그 꿈을 이루기를 원하고 있었다. 꿈을 이루기 위해서는 노력도 필요하지만, 재능도 있어야 한다. 그런데 재능은 어디에서 시작될까요?

아이들의 뇌에서
재능이 출발한다

　사람들은 "우리 아이는 머리는 좋은데…." 라는 말을 많이 한다. 머리가 좋다는 것은 흔히 수학 문제를 잘 풀거나 많은 것을 기억하는 것이나 지능이 높은 것으로 생각할 것이다. 그러나 최근 뇌 과학 연구나 지능 발달 이론들에서는 마음 씀씀이가 좋은 것, 운동을 잘하는 것 모두 머리가 좋은 것이라고 논의하고 있다. 물론 야구 선수 박찬호나 이승엽, 골프 선수 박세리, 피겨스케이팅 선수 김연아 같은 사람들 역시 두뇌 발달이 매우 뛰어난 사람들이다. 그 이유는 야구, 골프, 스케이팅을 손이나 발로 하는 것 같지만, 그 손과 발의 주인이 머리이기 때문이다. 그들의 신체활동의 능숙함과 노련함은 단순히 손이나 발에 밴 것이 아니라 뇌에 배어있다고 하는 표현이 맞다. 단적인 예로 손가락을 몇 개 잃었어도 다시 훈련을 통해 남은 손가락으로 피아노를 계속 칠 수는 있지만, 뇌를 다치면 열 손가락이 멀쩡해도 피아노를 칠 수 없기 때문이다. 평상시에 숨 쉬고, 밥을 먹고, 걷고 뛰는 등의 간단한 움직임조차 뇌의 놀라운 기능이다. 뇌의 일부분에 작은 손상이 와도 당신은 당신 앞에 놓인 작은 커피잔을 들 수 없을 것이다.

'굼벵이도 구르는 재주가 있다'라는 속담이 있다. 예전에는 지능을 거론할 때 IQ만 따졌지만 다중지능 이론만이 아니라 EQ, MQ, SQ 같은 다양한 지능 개념이 등장하면서 지능에 대한 인식과 기준이 달라지고 있다.

지능이 무엇인가에 대한 정의는 아주 다양하다. 예를 들어 심리학자들은 지능을 사고능력이나 관계 파악 능력이라고 보고, 생물학자들은 환경적응 능력이라고 하며, 교육학자들은 새로운 것을 배우는 능력이라고 한다. 또한 추상적인 사고를 할 수 있는 능력, 언어의 의미를 이해할 수 있는 능력, 타인과 소통할 수 있는 능력, 추론하는 능력, 새로운 것을 배우는 능력, 지식을 유지할 수 있는 능력, 계획을 세우는 능력, 문제를 해결하는 능력, 이해하는 능력 등이 모두 지능의 범주에 들어간다. 이러한 학자들의 모든 이야기를 종합해 보면 지능은 다음과 같이 정의할 수 있다.

첫째, 지능은 적응적(Adaptive) 능력으로 다양한 상황과 문제에 융통성을 갖고 반응하는 능력이다. 둘째, 학습 능력(Learning Ability)으로 다른 사람들보다 더 신속하게 새로운 정보를 처리할 수 있는 능력이다. 셋째, 새로운 상황을 효과적으로 분석하고 이해하기 위해 선행지식(Use of Prior Knowledge)을 활용하는 능력이다. 넷째, 지능은 여러 가지 다른 정신 과정들의 복잡한 상호작용과 조정을 포괄한다. 다섯째, 지능은 문화 특수적 (Cultural Specific)이다.

따라서 한 문화에서 지적인 행동이 반드시 다른 문화에서 지적인 행동으로 간주하지 않을 수도 있어 지능은 보편적이지 않다. 그리고 지능은 사전 지식의 유무에 따라 다를 수 있다. 세상사에 대한 지식이 많고 일의 수행에 필요한 경험이나 구체적인 능력이 많은 사람일수록 지적으로 행동할 가능성이 큰 것으로 경험과 학습을 통해 변화되는 유동적인 특성이라고 볼 수 있다.

한편, 지능이 높으면 사회적 성취도가 높을 것처럼 보이지만 사회적 성취도를 판단하는 데는 다른 많은 요인이 있기 때문에 지능만으로 사회적 성취를 예측하기 어렵다. 그래서 학교에서 공부 잘한다고 반드시 사회에서 성공하는 것은 아니라고 말하는 것이다. 예를 들어 학교 성적 평가는 같은 시기의 IQ 검사와 확실한 상관관계에 있지만 그 결과를 놓고 학창 시절 이후의 성취도를 예측할 수는 없다. 특히 타고난 지능을 평가하는 방법은 알려져 있지 않다.

한국인으로서 세계적 음악가 3인 중 한 사람인 장영주는 이미 9살에 뉴욕 필의 지휘자 주빈 메타와 성공적 데뷔무대를 가졌다. 그때 한 기자가 주빈 메타에게 "장영주처럼 뛰어난 연주자가 되려면 어떻게 해야 할까요?"라고 질문하자 "이 세상에 태어나서 배운 것 만으로 저렇게 연주할 수는 없습니다. 사라는 태어날 때 이미 배워 가지고 나왔습니다"라는 대답은 아직까지도 인상적으로 남아있다. 이러한 인터뷰 내용으로 보아 '재능이란 결국 유전자의 문제인가?'라는 의심을 지울 수 없다. 아이의 재능을 알려면 유전자 검사를 해봐야 하는 걸까? 물론 우리나라에서도 한때 유전자 검사가 유행한 적이 있다. 그러나 사라 장의 음악적 성취는 선천적으로 음악적 재능을 타고났어도 음악을 사랑하는 마음 그리고 끊임없는 연습이 아니라면 이룰 수 없었을 것이다.

한편, 지능 발달에서 환경의 중요성에 대한 여러 입장이 대두되고 있다. 일란성 쌍둥이 연구는 아동의 초기 환경이 지능의 차이를 결정한다고 주장하거나 지능의 상당한 부분은 환경의 힘에 의해 변화될 수 있으며, 이러한 변화 가능성은 어릴 때일수록 크다고 주장하는 학자들이 있다. 한편, 지능검사의 문항이 문화적으로 중립적인 내용을 담고 있지 않으면, 문화적 경험이 반영된 집단의 지능이 상대적으로 높게 나올 수 있다는 우려가 제기되고 있다. 최근 지능에 대한 새로운 관점인 MI(Multiful Intelligence) 즉 다중지능이 대두되면서 지능은 가변적이고 개인에 따라 고유한 특성을 지니며 가능성이나 잠재 능력으로 서열화할 수 없다는 견해가 지배적이다.

다중지능 이론의 창시자인 하버드대학교의 가드너 교수에 따르면 아이들의 재능은 뇌에서 시작된다고 한다. 그는 사람의 두뇌는 적어도 언어, 공간, 수 과학, 신체 운동, 음악, 자기 이해, 대인 관계, 자연 탐구 등 여덟 가지 이상의 영역으로 나뉘어 있으며 이들은 독립적인 특성이 있으나 몇 가지의 두드러진 특성들이 연합하여 한 사람의 고유한 재능 프로파일이 만들어진다고 주장하였다. 인간의 뇌는 아래의 그림에서 보는 것처럼 뇌의 좌, 우 그리고 전두엽, 후두엽, 측두엽 두정엽으로 구성되어 있으며 각기 특정한 기능을 갖는 뇌 영역으로

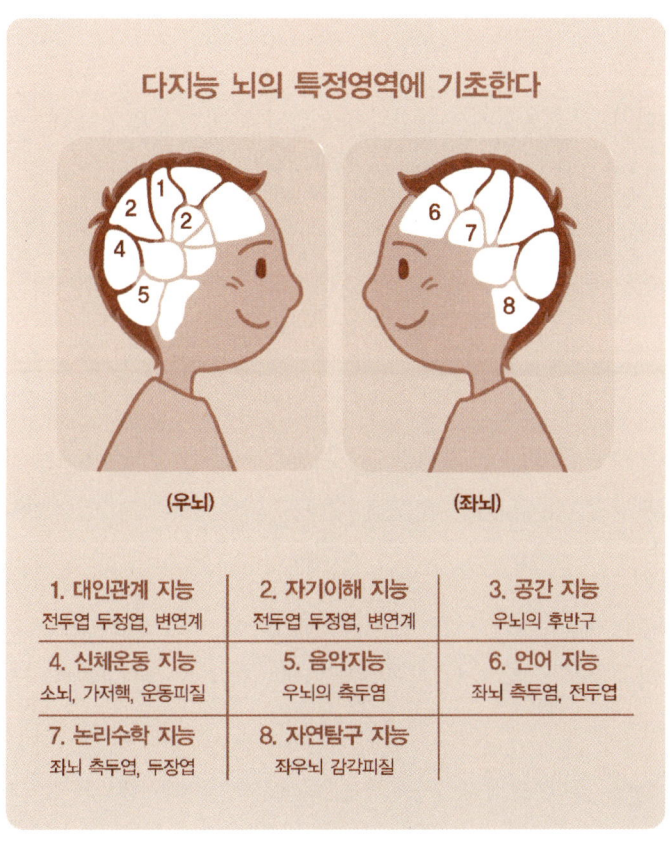

구성되어 있다. 또한 뇌 영역에 따라 기능도 분화되어 있으며 좌뇌와 우뇌 그리고 뇌세포 간에 서로 소통하는 것으로 밝혀졌다. 뇌의 영역에 따른 기능을 살펴보면 우측에 대인 관계, 자기 이해, 공간, 신체 운동, 음악 관련 기능을 하는 영역이 있고 좌측에는 언어, 논리수학, 자연 탐구 영역이 있음이 밝혀졌다. 물론 모든 개인은 이 중에서 어떤 영역의 기능이 큰지 작은지 자신만의 고유한 지능 프로파일을 갖고 있다는 것이다. 결론적으로 재능의 출발은 뇌에서 시작된 것이다.

재능은 뇌 영역 간의 통합으로 일어난다

하워드 가드너(Howard Gardner)

다중지능 이론을 개발한 학자로 널리 알려져 있는 하워드 가드너(Howard Gardner)는 유대인으로 나치 독일을 피해 미국으로 이민 온 부모 밑에서 1943년 펜실베이니아주에서 태어났다. 그는 하버드 의과대학과 보스턴 대학에서 Postdoc 과정을 수행하는 동안 두뇌 손상자에 대한 인지적 문제들을 연구하게 되었다. 비네가 처음 지능검사를 만든 이후 약 80년이 지난 1983년에 가드너는 그의 저서『마음의 틀: 다중지능 이론』(Frames of Mind: The Theory of Multiple Intelligences)라는 책을 통하여 지능에 대해 새로운 접근을 시도하였다. 그는 기존의 문화가 지능을 너무 좁게 해석하고 있다고 전제하고, 지능은 일반 지능과 같은 단일한 능력이 아니라

> 다수의 능력으로 구성되어 있으며, 이러한 능력들의 상대적 중요성은 동일하다고 가정하였다. 가드너는 IQ 점수가 함축하고 있는 의미보다 넓은 시각에서 인간의 잠재적 능력을 탐구하였다.

하버드 대학의 교수로 다중지능 이론을 확립한 하워드 가드너(Howard Gardner)는 현재 사용하는 지능검사는 언어적, 수리-논리적, 공간적 지능은 비교적 잘 측정하지만, 그 외의 음악적, 신체-운동적, 대인 관계적, 개인 내적 지능은 측정하지 못한다고 주장한다. 모든 사람은 하나는 잘하는데 다른 하나는 못 할 수 있다. 그 이유는 개인별로 뛰어난 지능의 영역이 모두 다르기 때문이다. "저 사람 정말 똑똑해"라고 하지만 이들에게도 약점은 있다. 최고의 재력가인 빌 게이츠는 자폐아였으며, 위대한 과학자 아인슈타인은 언어 구사력이 형편없었고, 음악의 천재인 모차르트는 언어와 수학에 매우 약했다. 그리고 우리가 알고 있는 최고의 CEO인 잭 웰치는 말더듬이였고 20세기를 대표하는 화가 피카소는 학습 부진아였다. 최근에 다중지능 이론이 교육자들에게 쉽게 받아들여질 수 있었던 것은 이유 중의 하나는 다중지능 이론이 바로 인간의 무한한 호기심을 풀어주는 이론이며, 최근의 두뇌 연구의 결과들과 일치한다는 것이다. 다중지능 이론은 우리에게 여러 가지 시사점을 주고 있지만, 그중에서 가장 중요한 것은 인간의 지능은 단순히 한 가지로 이루어져 있지 않고 여러 가지 많은 종류의 지능으로 이루어져 있다는 것을 인식하는 데서 시작한다. 1960년대에 널리 알려졌던 뇌 과학 이론 중에서 좌우뇌 이론(Left-brain/Right-brain Model)은 우리의 대뇌는 좌뇌와 우뇌로 나뉘어져 있는데, 각각 반대편에 있는 신체의 지각과 운동을 담당하고 있다고한다. 뇌출혈이나 사고로 인해 뇌를 다치면 그 반대편 신체에 이상이 나타나는 것은 바로 이 때문이다. 좌뇌는 언어 뇌라고 하며 언어 구사력, 문자나 숫자 이해, 분석적이고 논리적인 사고능력을 관장하고 있다. 한편, 우뇌는 이미지 뇌라고 하는데 그림이나, 음악 감상, 스포츠 활동 등 즉각적인 상황 파악과 관련된 직관과 감각적인 분야를 담당한다. 따라서 학자들은 학습자의 뇌 발달을 촉진시키기 위하여 여러 가지 방법을 모색하면서, 학습 양식 또한 좌뇌-우뇌 이론에 적절한 방식을 추구하는 연구를 수행하고 있다.

이처럼 뇌의 영역은 사람들의 각기 다른 지적인 능력과 관련되는 곳인데 이제까지 밝혀진 여덟 가지 지능을 조금 더 자세히 살펴보면 다음과 같다.

첫째, 대인 관계 지능(Interpersonal Intelligence)은 다른 사람들과 교류하고, 이해하며, 그들의 행동을 해석하는 능력이다. 다른 사람들의 기분, 감정, 의향, 동기 등을 인식하고 구분할 수 있는 능력과 표정, 음성, 몸짓 등에 대한 감수성, 대인 관계에서 나타나는 여러 가지 힌트, 신호, 단서, 암시 등을 변별하는 역량이며 또한 이런 상황에 효율적으로 대처하는 능력이다.

둘째, 자기 이해 지능(Intrapersonal Intelligence)은 대인 관계 지능과 유사한 특성을 지녔으나, 자기 자신을 이해하고, 느낄 수 있는 인지적 능력을 말한다. 자신이 누구인가?, 자신은 어떤 감정을 가졌는가?, 왜 이렇게 행동하는가? 등과 같은 자기 자신에 대해 이해하는 것이다. 자기 이해 지능이 높은 사람은 자기 존중감, 자기 향상(self-enhancement), 자기가 처한 문제를 해결하기 위해 사용할 수 있는 능력이나 성향이 강하다. 만일 자기조절 능력이 높고 자신의 행동을 이해하고 자신의 욕망, 두려움, 재능 등을 잘 알고 대처한다면 현명한 삶을 살아갈 수 있다. 자기 이해의 최종 목표는 자신만이 아니라 사회에 대하여 폭넓은 이해를 하고, 주위에 있는 사람들에게 영향을 주고 더 생산적인 삶을 살도록 하는 것이다.

셋째, 공간 지능(Spatial Intelligence)은 시공간적 세계를 정확하게 인지하는 능력과 건축가, 미술가, 발명가 등과 같이 3차원의 세계를 잘 변형시키는 능력이다. 공간 지능은 색깔, 선, 모양, 형태, 공간, 그리고 이런 요소들 사이의 관계에 대한 민감성과 관련 있다.

신경과학에 의하면, 인간 뇌의 우측 반구는 공간 지능과 관련되어 있으며, 이는 시각 능력과 관계가 깊은 것으로 밝혀졌다. 예를 들어 공간 지능이 높은 사람은 밤하늘의 별을 보고 방향을 잘 찾아내며, 처음 방문한 곳도 다시 찾아가는데 별 어려움을 느끼지 않고 잘 찾아갈 수 있다. 또한 자신의 아이디어들을 도표, 지도, 그림 등으로 잘 나타내고, 시각적으로 표현하는 디자인, 그림그리기, 만들기 등을 좋아한다.

가드너는 예술적 상징을 해석하는 개인의 능력을 넓히기 위한 방법으로 미술교육이 사고력을 높인다고 하며 유아들의 경우 이들 활동이 학습 능력을 향상하는 등 인지능력을 길러주는 데 적합하다고 주장한다.

넷째, 신체-운동 지능 (bodily-kinesthetic intelligence)은 가드너의 지능들 중에서 가장 논란이 많은 지능이다. 사람마다 자신의 운동능력, 균형, 민첩성, 태도 등을 조절할 수 있는 능력은 모두 다르다. 유명 운동선수들은 운동을 할 때 필요한 요소인 자신의 힘, 리듬, 속도들을 활용해 균형감 있게 적용할 수 있는 능력을 가진 사람들이다. 신체·운동 지능이 높은 사람은 생각이나 느낌을 글이나 그림보다는 몸동작으로 표현하는 능력이 뛰어나다. 물론 손으로 다루는 능력이 뛰어나 손재주가 있다는 말을 많이 듣는다. 자동차 운전은 물론 스케이트나 자전거를 다른 사람보다 쉽게 배울 수 있으며 몸의 균형 감각과 촉각이 다른 사람들에 비해 발달되어 있다. 신체로 정서를 표현하는 무용이나 스포츠 게임, 안무처럼 새로운 신체 운동의 결과물을 만드는 것은 모두 신체를 인지적으로 사용하는 예가 된다. 신체 운동 지능이 높은 아이들은 소근육이나 대근육의 사용을 잘하거나 흉내를 잘 내고 몸으로 정서를 표현할 뿐 아니라 균형을 잘 잡고 춤추거나 운동을 좋아하는 특성이 있다.

다섯째, 음악 지능(musical intelligence)은 소리, 리듬, 진동과 같은 음의 세계에 민감하고, 사람의 목소리와 같은 언어적인 형태의 소리뿐만 아니라 비언어적 소리에도 예민한 특성과 관련되어 있다. 예를 들어, 발자국 소리만으로도 누가 오고 있는지를 알아낼 수 있으며 음악의 형태를 잘 감지하고, 음악적 유형을 잘 구별할 뿐만 아니라 음악 형태로 변형시키기도 할 수 있다. 가드너는 바이올리니스트 예후디 메뉴인(Yehudi Menuhin)을 예로 들면서 메뉴인처럼 음악적 지능이 뛰어난 사람은 악기 연주를 좋아하고 작곡하는 것을 좋아한다고 한다. 음악 경험은 두뇌에서 청각적, 시각적, 인지적, 정의적, 동작 체계가 모두 관여하는 다중방식으로 나타나고 음악을 처리할 때에는 좌반구와 우반구가 모두 관여하므로, 두뇌 전체에 걸쳐 시냅스의 형성과 뇌세포의 성장을 자극한다고 한다. 음악 지능은 단순히 음악이나 리듬에만 국한되는 것이 아니고 소리의 전체를 다루기 때문에 청각-진동적인 지능(auditory/vibrational intelligence)라고 부르기도 하는데 유아의 음악 경험은 언어적 사고의 표현이 뛰어나지 않은 유아들의 능력을 촉진시킬 수 있는 재능대발의 도구로서도 활용되기도 한다.

여섯째, 언어 지능(Linguistic Intelligence)은 단어의 소리, 리듬, 의미에 대한 감수성이나 언어의 다른 기능에 대한 민감성 등과 관련된 능력으로 오래전부터 사람들은 언어와 두뇌와의 관계에 관해 관심을 가져왔다. 만일 어떤 사람이 뇌의 영역 중 브로카의 영역(Broca's Area)이 손상되면, 비록 그 사람의 단어나 문장 인식의 능력은 그대로 남아있다. 할지라도 자신을 표현하는 데 있어서 문법적으로 정확한 문장을 만드는데 어려움을 겪게 된다.

　언어 지능이 높은 사람은 토론 학습에 두각을 나타내며, 유머나 말 잇기 게임, 낱말 맞추기 등을 잘한다. 다양한 단어를 활용하여 말을 잘하는 달변가가 많으며, 똑같은 글을 써도 심금을 울리기도 하고, 웃음을 자아내게도 할 수 있다. 교사들은 아이들이 아이디어, 생각, 정서 등을 글이나 말로 표현하도록 유도하기 위해 동시 짓기나 동화를 직접 지어내 정기적으로 구연해 보는 경험을 제공하는 것이 좋다. 그리고 그날 읽은 동화의 내용을 여럿이 모여있을 때 이야기해 보는 경험을 제공하고 생소한 단어의 뜻과 어원, 이름의 유래에 관심을 높이는 것은 바로 언어 지능을 높이는 것과 같다.

　일곱째, 논리-수학 지능(Logical-Mathematical Intelligence)은 이제까지 인지적 능력으로서 중요시되는 지능의 핵심으로 다중지능 이론에서도 가장 중심에 있다고 할 수 있다. 논리-수학 지능은 논리적으로 분석하고 수학적인 조작을 수행하고 과학적으로 탐구하는 능력이다. 따라서 논리 지능과 수학 지능이 합쳐진 것이라 할 수 있다. 논리-수학 지능이 높은 사람은 논리적 과정에 대한 문제들을 보통 사람들보다 훨씬 빠른 속도로 해결하는 능력을 갖고 있다. 추론을 잘 이끌어내며, 문제 파악과 해결을 체계적이고 과학적인 방법으로 수행한다. 그리고 이들은 숫자에 강하고, 차량번호나 전화번호 등도 남들에 비해 잘 기억할 뿐 아니라 규칙을 좋아하고, 논리적이다.

　여덟째, 자연 탐구 지능(Naturalist Intelligence)은 가드너의 다중지능

이론 유형 목록에서 비교적 최근에 올라온 것으로, 자연 현상에 대한 유형을 규정하고 분류하는 능력을 말한다. 원시 사회에서는 어떤 식물이나 동물이 먹을 수 있는지가 중요했다면, 현대사회에서는 기후 형태의 변화에 대한 감수성과 같은 것이 그 예가 될 수 있다. 자연 탐구 지능이 높은 사람은 영화에 나오는 타잔처럼 자연 친화적이고, 동물이나 식물 채집을 좋아하며, 이를 구별하고 분류하는 능력이 높다. 산에 가더라도 나뭇잎의 모양이나, 크기, 지형 등에 관심이 많고, 이들을 종류대로 잘 분류하기도 한다. 따라서 이 지능이 높은 사람은 생태학적인 분야에서 식물, 동물, 산, 구름의 형상을 민감하게 구별할 뿐 아니라 식물, 동물, 광물을 포함한 자연의 세계에 흥미와 관심이 있으며 자신의 환경으로부터 최상의 것을 얻어내는 능력, 환경에 관심을 갖고 자연을 연구하는 능력, 그리고 환경에서 생존하고 적응할 수 있는 능력이 높다는 것을 말한다.

가드너의 이론에 의하면 모든 개인은 자신만의 고유한 지능 프로

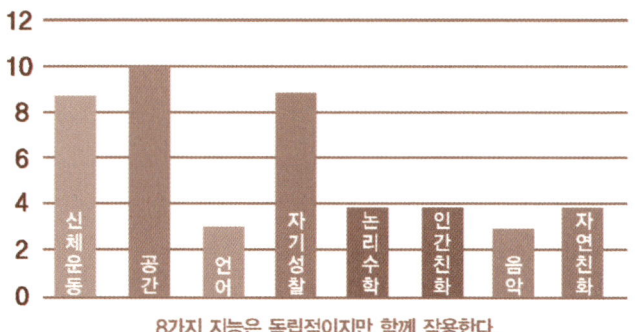

8가지 지능은 독립적이지만 함께 작용한다.

파일을 가지고 있는데 다음 도표는 아주 세계적으로 유명한 축구선수의 다중지능 프로파일이다.

이 도표에서 볼 수 있는 것처럼 축구와 같은 운동 경기를 잘하기 위해서는 단지 신체 운동기능 능력만 좋아서는 안 된다. 공을 어디로 보내야 할지를 판단하는 공간 지능과 많은 연습과 훈련을 참아낼 수 있는데 필요한 자기 이해 지능이 상호작용하여 축구선수로서의 뛰어난 재능이 발현될 수 있는 것이다. 대부분의 성공한 사람들은 자신만의 고유한 특정 지능과 더불어 개인이해지능이나 대인관계지능이 상승효과를 낸다. 이처럼 아이들의 재능은 한 가지만 잘하는 지능에서 시작되는 것이 아니라 통합적인 지능들의 상호작용의 결과라고 볼 수 있다. 만일 요리사라면 먼저 요리법을 읽어야 하고(언어), 이때 요리를 어떤 순서로 해야 하며(논리-수학적), 먹는 사람의 취향을 고려해야하고(대인관계), 뿐만 아니라 자신만의 맛(자기이해)을 만들어 내야 한다. 의사라면 논리 수학적 지능이 높아 과학이나 수학을 잘해야 하는 것이 우선되지만 대인관계능력이 부족하다면 환자들과 상호작용하기는 어렵다. 이처럼 무엇인가에 특출한 재능을 보이는 사람은 각기 다른 지능들의 통합에 의한 것이다.

뇌는 경험이나 감정에 따라 변한다

다중지능 이론은 개개인이 가진 독특한 지능을 발휘할 수 있도록 다양하고 풍부한 방법을 추구할 뿐만 아니라 각 지능들 사이의 관계를 통한 지능 향상 방법을 추구하도록 하는 점에서 유용한 이론임이 입증되고 있다. 특히 뇌의 가소성(plasticity)이 밝혀지면서 뇌의 구조나 기능이 결정되어 있는 것이 아니라 개인의 능력과 의지, 신념이나 신뢰 등은 선천적으로 주어진 뇌의 기능과 능력도 바뀔 수 있다는 것은 인간의 특정 기능과 능력의 향상을 기대할 수 있게 되었다. 영유아기에 겪는 경험은 뇌가 후에 어떤 망을 형성할지에 영향을 준다. 즉 경험이 뇌를 물리적으로 바꿀 수 있다는 것이다. 풍요로운 환경의 중요성은 이미 30년 전에 인지 신경학자들이 쥐의 연구를 통해 밝힌 바가 있다. 바퀴, 사다리, 그리고 놀이 친구가 있는 풍요로운 실험실에서 자란 쥐들이 놀이 친구나 장난감이 전혀 없는 실험실에서 혼자 자란 쥐보다 두뇌 피질이 더 두꺼운 뇌를 가지고 있다. 이러한 결과는 뇌가 경험에 따라 발달하기도 하지만 만일 경험이 없다면 위축될 수도 있음을 말해 준다. 즉 영유아기의 경험은 뉴런간의 연결망을 변화시키는 결과를 초래한다는 것이다. Hannaford(1995)는 다양하고 풍요로운 경험을 통해 뇌가 활성화될수록 수초와 수상돌기 가지가 증가하고 뇌량이 두꺼워지면서 뇌 영역 간이나 양반 구간의 처리 속도가 더욱 빨라진다고 하였다. 즉 풍요로운 환경에서는 시냅스를 이루는 뉴런의 수상돌기의 수가 증가하여 더 큰 수상돌기의 숲이 생기고 피질이 두꺼워진다. 열악한 환경의 영향은 더 강력해서 수상돌기가지가 가늘어지거나 피질의 두께가 얇아진다(Diamond & Hopson, 1998). 물론 과도한 스트레스나 위협은 뇌의 기능이 다운쉬프트(downshift)[3] 될 경우에 아이들이 주도적이 될 수 없다는 것을 염두에 두어야 한다. 아직 뇌 발달이 제대로 이루어지지 않아 뇌세포 연결망이 엉성하게 형성된 상태에서 과도한 자극을 주게 되면 오히려 빈약한 연결망에 과부하가 걸려 뇌 손상이 온다(서유헌, 2001). 모든 아동은 학습 양식, 신경사(神經史), 정서 상태, 관심 영역 및 의미 있는 내용이 각기 다르다. 그러므로 아동의 성공적인 학습을 위해서는 아동 각자 뇌의 다양성을 인정 하는데서 출발해야 한다(김유미, 2004). 아이들은 사실이나 경

---

[3] 뇌가 고차적인 기능에서 하위기능으로 전환되는 현상을 의미하는 것으로 지나친 위협, 스트레스상황에서 고차적인 기능을 수행하지 못하고 생존 지향적이게 되는 현상.

험을 자신이 알고 있는 범위 내에서 관련지어 자신의 독특한 패턴으로 구조화하고 의미를 형성한다. 3세부터는 뇌가 경험을 토대로 시냅스들을 선택적으로 강화하거나 제거함에 따라 유용한 연결 고리들은 영원히 유지되고, 유용하지 않은 것들은 소멸되는 과정을 시작한다. 따라서 영유아기의 경험은 미래에 다양한 경험들을 처리하는 데 영향을 미칠 교육의 신경 구조물들이 설계되고 뇌가 형성된다(Sousa, 2006).

특히 영유아기 동안에 뇌에서는 시냅스가 기하급수적으로 생성되는데, 이렇게 과잉 생성된 시냅스 중 영유아가 반복적인 경험을 하게 되면 일상생활의 경험과 관련된 시냅스는 강화를 받아 영속적인 회로가 된다. 반대로 반복적으로 일상생활에서 이용하지 않거나 충분히 이용하지 않게 되면 그 시냅스는 곧 사라지게 된다. 그러나 이러한 뇌 발달 측면의 학습 고조기가 유아들이 모든 것을 다 받아들일 수 있는 학습 가능성이 있음을 의미하는 것은 아니라 연령에 따라서 뇌의 발달 부위가 다르므로 이에 적합한 학습 경험이 제공되어야 한다는 것을 말해 준다.

뇌 속에는 1천억 개 이상의 뇌세포가 존재한다. 하루에도 엄청난 수의 세포가 죽고 또 생겨난다. 우리가 생각을 할 때 뇌세포 수백만 개가 서로 맞닿아 연결되며, 마치 예술가가 흙을 빚듯 뇌세포도 뇌 안에서 실제로 신경 연결망을 만들어 낸다. 우리가 몇 시간 동안 어려운 수학 문제를 풀려고 적절한 공식을 동원하여 문제해결 과정에 집중한다면, 뇌 속에 새로운 길이 만들어지면서 수학 문제를 푸는 뇌 지도는 확장될 것입니다. 최근 10여 년 동안 축적된 연구들은 간단한 운동 기술이나 인지적 기술을 습득하는 동안에 청소년의 뇌만이 아니라 성인의 뇌도 변화한다는 사실이 입증되었다. 1990년대에 한 연구팀이 런던의 택시 기사들의 뇌를 촬영했더니 뇌의 기억 창고이자 공간 기억을 관장하는 영역인 해마 부위가 커지고 활동성도 유의미하게 향상된 모습이 확인되었다. 몇 년 동안 런던 시내를 누비며 도로를 익히고 암기하는 사이에 뇌 구조가 바뀐 것이다. 즉 인간의 뇌는 경험에 따라 뇌가 변한다는 것이다.

상기의 그림은 인간의 경험이 어느 정도인가에 따라 시냅스 연결

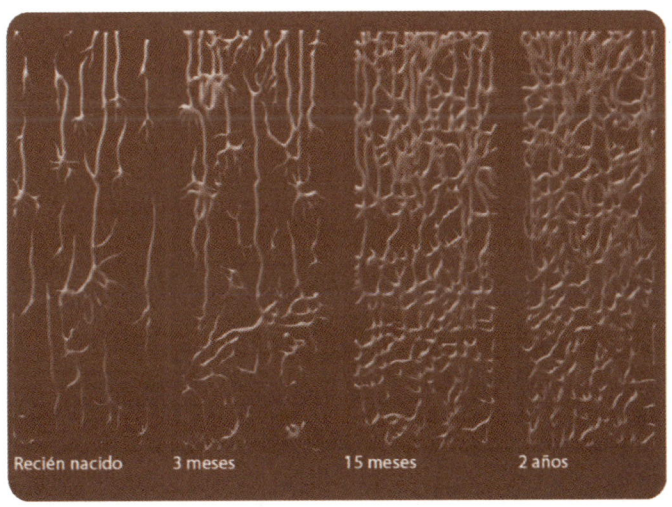

출처: [Brain plasticity: history of the concept] http://talkingaboutneurocognitionandlearning.blogspot.kr

의 밀도가 달지는 것을 보여주는 것이다. 아이들이 자신의 신체 중 어느 특정 부위를 많이 사용한다면 그에 해당하는 뇌가 생물학적으로 변화한다고 할 수 있다. 결론적으로 뇌에 기초한 지능이나 재능은 고정되어 있는 것이 아니라 경험과 성숙에 따라 변화한다는 것이다. 더 중요한 것은 감정에 따라서도 신경전달물질의 분비가 달라진다는 것이다. 뇌세포는 신경세포 간의 소통을 하게 하는 중요한 신경전달물질들이 있다. 예를 들어 스트레스는 코티솔이라는 스트레스 호르몬을 분비하는데 이는 학습의 중요한 요소인 기억과 관련된다. 물론 적절한 스트레스 상황은 우리를 정신 차리게 하거나 집중시킬 수 있지만 지나친 스트레스는 기억력을 방해한다는 것이다. 그리고 의욕이나 집중력에 관여하는 신경전달물질인 도파민은 집중해서 무엇인가(일, 공부, 운동)를 수행할 때 분비된다. 즉 아이들에게 즐거움을 동반한 놀이가 스트레스를 줄이고 도파민을 분비시켜 집중력과 의욕을 갖게 하여 뇌를 활성화하고 학습을 촉진한다고 할 수 있다. 기적을 부르는 뇌?의 저자이자 의학박사인 노먼 도이지(Norman Doidge)는 뇌의 가소성에 대해 이렇게 말한다. "뇌가 운동하면 자라는 근육과 같다는 말은 단순한 비유가 아니다." 근육과 마찬가지로 뇌도 사용할수록 발달하며 심지어 같은 생각을 반복하고, 같은 아이디어를 계속해서 머릿속으로 그려보며, 원하는 일을 수시로 상상하는 것만으로도 실제 행동하는 것과 유사하게 뇌에 신경 연결망이 생겨나 생물학적으로 뇌피질이 바뀐다니 정말 인체는 신비하다.

④ 어떻게 재능을 키워 줄까요?

우리 아이들의 재능은 타고나는 것이 아니라 발달하는 것이다. 재능은 처음엔 지능에서 출발하지만, 훈련이나 경험 그리고 자신의 흥미와 즐거움에 따라 재능은 변할 수 있다.

1) 오감각과 신체적 움직임이 뇌 발달의 기초다

뇌의 발달은 유전적이라는 과거의 통념과는 반대로 유전과 환경의 끊임없는 상호작용에 의해 변한다는 것을 이제 모두 다 안다. 뇌는 아이들이 성장해 가면서 갖는 여러 가지 경험에 의해서 발달한다. 만일 생애 초기 시각, 청각, 촉각, 후각, 미각 등의 감각적 경험이 없다면 뇌 발달도 이루어지지 않는다는 것 또한 분명한 진실이다.

아이들의 뇌를 활성화시킬 수 있는 아주 좋은 방법은 아이의 모든 감각을 활용한 감각 놀이이다. 감각 놀이는 아이가 사물이나 주변 환경을 자신의 감각으로 느끼며 능동적으로 탐색하는 과정 자체를 말하는 것으로 어린아이가 주의 깊게 보고, 만지고, 빨고, 손으로 잡는 모든 행동이 놀이이다. 아이들은 실생활에서 얻어지는 체험이나 자신의 모든 감각을 활용한 구체적인 경험일수록 더욱 직접적으로 느끼고, 스스로 조종할 수 있고, 자신이 결정하는 것으로 강하게 느낀다. 특히 영아들의 뇌는 구체적 자극에 반응하도록 되어 있으므로 어린아이들에게는 강아지가 그려진 그림책이나 비디오를 보여주는 것보다는 직접 강아지를 보여주고(시각 자극), 만지고 느끼며(촉각자극), 냄새를 맡고(후각자극), 강아지가 멍멍 짖는 소리를 듣는(청각자극)등 오감을 골고루 자극시키는 종합교육이 되어야 두뇌발달이 효과적으로 이루어진다.

어린 아이들에는 직접 강아지를 보여주고, 만지고 느끼며 냄새를 맡고, 강아지가 멍멍 짖는 소리를 듣는 등 오감을 골고루 자극시키는 종합교육이 되어야 두뇌발달이 효과적으로 이루어진다.

2) 잘하는 것을 즐길 수 있도록 하자

공자가 논어에서 피력한 이야기 중에 '아는 것은 좋아하는 것만 못하고, 좋아하는 것은 즐기는 것 못하다(知之者不如好之者, 好之者不如樂之者)'라는 말이 있다. 즉 아는 것이나 잘하는 것보다 즐기면서 하는 일이 중요하다는 점을 강조하는 말이다. 대부분 부모들은 아이들이 잘하는 것을 찾아주려고 노력하는데 사실은 어린 유아들 일지라도 아이들의 흥미와 관심 능력보다 아이들이 재미를 느끼고 즐길 수 있어야 몰입이 가능하기 때문에 바로 그 일을 찾아주는 것이 좋다. 아이가 잘하는 것이 운동이라면 처음에는 어느 정도 남보다 앞서 갈 수는 있으나 이를 즐기지 못한다면 곧 포기하게 된다. 아이가 잘하는 일을 즐길 수 있다면 더 열심히 많은 시간을 몰입하게 되니 타인의 인정이나 기대를 받게 될 가능성이 높아서 자신이 잘하면서도 즐기는 일을 찾아주도록 해야 한다. 그것이 바로 재능이 되는 경우가 많기 때문이다.

3) 재능이란 아이들의 흥미와 재미에서 시작하지만, 연습이 필요하다.

아이들의 가르침의 시작은 재미와 흥미를 보이는 것에서 시작하여 반복할 때 뇌는 변화하고 자신만의 재능이 발현된다. 지속적으로 경험이 누적될 때마다 아이들의 뇌는 변화하고 몸에 익기 때문에 어느 정도의 연습이나 훈련하는 과정이 필요하다. 이러한 과정을 통해 자신감과 자존감으로 발전되고 자기 주도적으로 열심히 하게 되면 이것이 쌓여 자신의 재능이 되는 것이다. 피겨스케이팅 선수 김연아도 아무리 신체 운동 지능이나 음악 지능이 높았더라도 어린 시절부터 수만 번 넘어져도 다시 일어나는 피나는 훈련을 통해서 세계 최고가 될 수 있었다. 모든 천재는 타고난 재능과 더불어 수십만 번의 실패와 고통을 참아낸 결과임을 알아야 한다. 물론 그 시작은 아이들의 흥미와 재미에서 시작해야 수십만 번 할 수 있게 된다. 글래드웰(alcolm Gladwell)은 한 분야에서 최고의 자리에 오르기 위해서는 1만 시간의 연습과 노력이 필요하다는 "1만 시간의 법칙'을 제시했다" 1만 시간은 매일 하루도 빼지 않고 3시간씩 연습한다고 하더라도 10년은 해야 하는 시간이다. 이 세상에서 자신의 재능을 꽃피운 대부분의 사람들 역시 시작은 흥미와 재미에서 시작했지만 결국 노력이나 연습의 결과이다.

대부분의 아이들은 4~5세 경이면 인성과 학습유형이 결정된다. 이때 정신력과 운동능력이 급속히 발달하고, 개인의 지적 잠재력이 활성화된다. 이 시기에 유아와 관련 있는 부모나 교사들은 아이의 재능에 관심을 갖고 주시해야 한다. 특히 영재성이 있는 아이는 또래에 비해 추리력·집중력·상상력·호기심 등이 높게 나타난다. 따라서 학습 환경 조성과 생활, 관찰이 바르게 이뤄져야 한다. 부모나 교사는 유아의 발달에 맞춰 학습 환경을 제공하고 더 많은 관심과 시간을 투자하면서 도전과 경쟁심을 길러주어야 하지만 더 중요한 것은 부모의 신뢰이다. 무엇이든 아이보다 어른이 앞서서 다 해주려 하지 말고 아이에게 잘할 수 있다는 믿음을 주고 한발 물러서 있어야 한다. 하버드대 심리학과 교수였던 로버트 로젠탈 교수가 초등학교에서 20%의 학생들을 무작위로 뽑아 그 명단을 교사에게 주면서 지능지수가 높은 학생들이라고 말한 후 8개월 후 명단에 오른 학생들이 다른 학생들보다 평균 점수가 높아진 것을 발견했다. 20% 학생들의 성적이 오른 이유는 오로지 교사가 이 아이들이 지능이 높은 아이 들이라는 정보 하나로 그 아이들에게 건 기대라는 것이다. 이처럼 아이에 대한 칭찬과 격려 그리고 기대는 아이들을 성장시키는 동력으로 이를 로젠탈 효과(Rosenthal Effect) 라고 한다. 자신이 잘하는 것에 대한 자신에게 의미 있는 타인의 믿음은 아이들에게 긍정적인 힘을 가속화시켜 재능을 꽃피우게 하는 동력이 된다.

7장

화를 내는 것은 본능이다

어릴 때 부모에게서 받은 폭력이 상처로 남아 범죄로 이어지는 경우가 많다. 자녀를 독립된 인격체로 인식하는 가족문화의 변화가 필요하다.

　　이제 부모와 학교가 달라져야 한다. 어릴 때부터 자신의 감정이나 의사를 바르게 표현하도록 가르쳐야 한다. 2012년 9월 미국 워싱턴 총기 난사 사건, 10대 홧김에 잔소리하는 부모 흉기로 찔러 사망에 이르게 한 사건, 여의도 칼부림 사건, 의정부역 흉기 난동 사건 등 2012년부터 현재에 이르기까지 신문과 방송을 어지럽히고 선량한 시민들을 위협하고 있는 사건은 날로 증가하고 있다. 이들에게 무엇이 문제였을까요? 그들 모두 자신의 분노로부터 나온 충동을 조절하지 못한 것이다. 분노는 이처럼 커다란 범죄로 이어질 수 있다.

　우리 아이들은 화가 나면 어떻게 하는지 아이들에게 물어보았습니다. '저는 같이 화를 낼 때도 있고, 울 때도 있어요'라는 대답이 많았다. 그런데 네가 화를 내면 부모님은 어떻게 하시니? 라는 질문에 한 아이는 '엄마가 나를 안아줘요'라고 대답하는가 하면 '엄마가 그 친구 만나면 혼내 준대요'라고 대답한다. 아이들이 자라면서 자신의 의지와 다른 억울하고 분한 경험을 할 수 있다. 그때마다 엄마가 나서서 혼내줄 수도 없고 엄마가 안아준다고 해결되는 것도 아니다. 이 세상, 어떤 아이도 부모나 어른의 말을 고분고분 잘 듣고, 자신의 마음이나 행동을 쉽게 바꾸도록 태어나진 않았는데 더 무서운 것은 가족 범죄가 늘어나고 있다는 것이다.

최근 6년간 매년 평균 1,143건의 살인 사건이 발생했는데
이 중 가족 살해는 56건이었다. 살인 사건의 약 5%가 가족 사이에서 일어난다.

2014년 경기도 안산의 한 다세대 주택에서 벌어진 인질극은 피의자 김모 (47)씨가 별거 중인 아내를 불러 달라며 경찰과 대치하다 흉기를 휘둘러 아내의 전남편과 의붓딸이 목숨을 잃었다. 그리고 서울 은평구에서는 별거 중인 아내가 이혼을 요구하자 자신의 11개월 된 딸을 감금하며 "죽이겠다"고 협박한 장모(51)씨가 경찰에 붙잡혔다. 그리고 서울 서초동에서 아내와 두 딸을 목 졸라 살해한 강모(48)

씨는 도주 6시간여 만에 붙잡혔다. 불과 8일 동안 잇따라 발생한 '가족 범죄'들이다. 이처럼 존속·비속 살해 등 가족을 대상으로 폭력을 저지르는 범죄가 급증하고 있다. 경찰청 통계에 따르면 가족 범죄는 2008년 1,132건에서 2011년 933건으로 감소 추세를 보이다가 2012년부터 다시 늘고 있다. 2012년 1,036건, 2013년 1,142건이 발생했다. 특히 최근 6년간 매년 평균 1,143건의 살인 사건이 발생했는데 이 중 가족 살해는 매년 평균 56건이었다. 살인 사건의 약 5%가 가족 사이에서 일어난다.

이렇게 가족 범죄가 늘어나는 첫 번째 이유는 '경제적 이유'가 제일 많다. 이수정 경기대 범죄심리학과 교수는 "경제적인 이유로 결혼이 파탄 날 경우 가족을 이용해 금전적 보상을 받으려는 심리가 있다"며 "보험 살인이나 유산 상속을 노린 존속살인 등이 이에 해당된다"고 설명했다. 두 번째 원인은 '정신 질환'이 거론된다. 서울지방경찰청이 지난해 발표한 '한국의 존속살해와 자식 살해 분석'에 따르면 존속살해 원인 중 정신 질환과 연관이 있는 경우가 전체의 40%로 "우울증"이 원인이 된다. 세 번째는 '부모에 대한 높은 의존도'와 '가부장적인 가정문화' 등 문화적 특성이 원인이다. 예를 들어 자식이 일이 안 풀리는 것을 부모 탓으로 돌려 부모를 살해하거나 부모가 자식을 소유물로 생각해 자식과 동반 자살을 시도하는 사례가 대표적이다. 특히 가정불화가 높아지는 명절을 전후로 가족 범죄 발생 비율이 높다. 어릴 때 부모에게서 받은 가정폭력이 상처가 돼 범죄로 이어지는 경우도 많은데 자식을 독립된 인격체로 인식하는 가족문화의 변화가 요구된다. '묻지 마 살인' '존속살해' '인천 어린이집 핵 펀치 사건', "정신적 문제가 있었다"고 법정에서 우기는 세월호 이준석 선장 같은 부류도 널려 있다. 이제 부모와 학교가 달라져야 한다. 어릴 적부터 바르게 살도록 가르쳐야 한다. 요즘 공익광고에도 나오듯이 욕을 먹고 자란 아이는 욕하는 어른이 되고 학대받고 자란 아이는 학대하는 어른이 된다. 내가 존중받기 위해서도 다른 사람을 존중하고 아무리 화가 나도 감정을 조절해서 더 큰 일을 만들지 않도록 해야 한다. 그리고 모든 사람에게 도움이 되는 홍익인간이 아니더라도 적어도 남에게 해를 끼치지는 않고 살 수 있는 사람이 되도록 가르쳐야 한다. 그러기 위해 화내는 사람들은 대부분 그 일이 자신을 해한다고 생각한다는 것을 이해하고 그런 상황을 바꿔 생각할 기회를 주어야 한다.

① 아기들도 자신에게 위협이 되는 것을 안다

　인간이라는 동물은 원시 사회로부터 자신을 보호하는 방향으로 진화되어 왔기 때문에 이성적으로 생각할 수 없는 어린 아기들도 자기에게 위협이 되는 상황에 대비하기 위해 화를 내는 상황이 발생한다. 인간은 진화상 음식, 영역, 안전, 짝짓기 같은 원초적이고 생존 행동을 관장하며 환경에 반응하고 자신의 생명을 유지하도록 대뇌변연계를 가지고 태어났기 때문이다. 따라서 자신에게 위협적이라고 느끼는 상황이 되면 호흡이 빨라지고, 땀이 나거나, 심장박동이 빨라지고 혈압이 올라가는 신체적 반응이 자연스럽게 나타난다. 이는 모든 동물에게서 보이는 공격적인 상황과 비슷하여 이성적으로 판단해서 신체가 변하는 것이 아니라 위험을 감지한 상황에서 자신을 보호하기 위해 본능적으로 변하는 것이다.

모든 아기는 출생 시에 이미 자신의 생명 유지에 필요한 뇌간과 감정의 뇌인 대뇌변연계를 가지고 태어난다. 네덜란드의 연구팀은 생후 4개월 된 영아와 7개월 된 영아들에게 화 난 사람을 보여주면서 아이들 눈동자의 움직임이 어떻게 변하는지 관찰하였다. 그 결과 모든 연령의 아기들이 화난 얼굴에서 시선을 피하는 것으로 나타났다. 즉 아주 어린아기들도 '화난 사람의 얼굴을 바라보면서 위험할 수 있다'는 것을 감지하고 자신을 위협하는 것을 피하는 것이 인간의 생존에 유리했을 것이라고 추론할 수 있다.

다른 또 하나의 실험은 미국 미니애폴리스 연구팀이 5개월 된 아기의 팔을 지그시 붙들어 장난감을 쥐지 못하게 했을 때 아기들의 반응을 살펴본 연구가 있었다. 이 연구에서 아기들은 처음에 울면서 저항하지만, 점차 근육이 긴장되고 혈압이 올라가는 등 공격 준비를 하고 있다는 것을 발견했다. 즉 아기들도 태어날 때 이미 뇌간과 변연계를 모두 갖추고 태어나기 때문에 마음대로 자신의 몸을 움직일 수 없게 되면 화를 느낄 수 있다. 화가 엄습하면 우리 몸은 '대항'할 준비를 하며 싸울 태세를 갖추기 때문에 근육이 긴장되고 혈압이 올라가면서 숨이 가빠진다. 그 이유는 화가 나면 피는 손으로 더 많이 모이는 반면 두려움을 느낄 때 혈액은 발로 더 많이 모이면서 뇌는 갑자기 에너지를 솟게 하는 카테콜아민의 하나인 노르아드레날린 같은 신경전달물질을 분비하기 때문이다.

감정의 뇌인 대뇌변연계는 감정과 기억의 중추로 태아기부터 시작되어 3세경에 완성되기 때문에 분노 성향은 선천적이다.

 그러나 이를 어떻게 표현하는가 하는 것은 후천적 습관이며, '뇌의 전전두엽 (prefrontal cortex)'영역이다. 감정을 느끼는 주체는 뇌 중간에 있는 변연계이지만 이를 통제하는 브레이크 역할을 하는 것은 대뇌피질의 전전두엽이다. 분노 대처방식은 도망치거나, 싸워서 제거하는 극단적인 방식 중 하나이므로 제일 먼저 해야 하는 것은 화를 잘 알아차리는 것과 같은 인지적 기능이 먼저 일어나야 한다. 자신의 분노를 잘 알아차리는 사람은 다른 사람의 분노도 알아차리게 된다. '내가 이래서 화가 났구나. 내가 이런 행동을 할 만큼 화가 났구나.'를 알아 차릴 수 있다면 분노 아래의 숨은 감정 즉 수치심, 열등감, 피해의식, 불안, 두려움 등을 깨닫게 되면서 자기에 대한 이해가 깊어진다. 즉 자신의 감정을 들여다 보면서 존중하기, 공감하기, 분노를 언어화하여 제대로 말하기, 감사 표현하기 등을 통해 자신과 상대방의 분노를 조절하는 방법을 배워 나가야 한다.

❷ 화를 발산하는 사람이 더 건강하다

인간의 뇌는 뇌간 '변연계' 신피질의 3단 구조로 진화해 왔다는 것은 주지의 사실이다. 이 중에서도 수백만 년 전에 두 번째 단인 변연계가 진화했다.

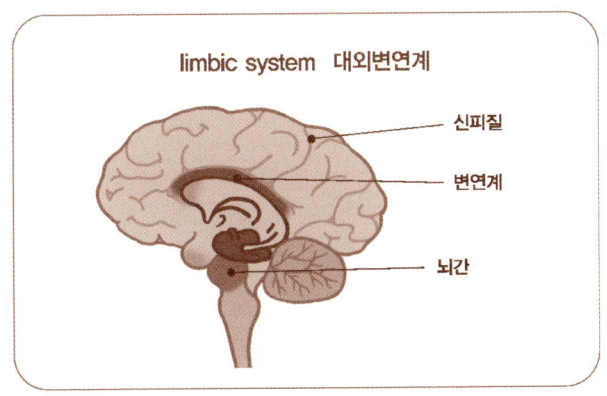

뇌간 바로 위에 있는 변연계는 좌우로 편도체를 거느리고 있으며, 충동과 기억, 감정을 관장한다. 이 감정들은 기쁨이나 슬픔, 짜증과 분노부터 우울, 회한, 죄책감에 이르기까지 다양한 감정의 기초가 된다. 사람의 뇌에서 가장 먼저 발달하는 부위는 뇌간과 변연계다. 화를 내는 것은 바로 이 변연계의 소관이다. 화를 내는 것이 나쁘다고 말하는 사람도 있지만 일반적으로 자신의 행동이 제약을 받고, 좌절하거나, 자신의 것을 빼앗기거나, 불공정하지 못한 상황에서 분노하고 화를 내게 된다. 그러므로 화를 내는 것은 자신의 의사를 나타내는 것이므로 그 자체가 문제가 되는 것은 아니다.

독일 예나 대학에서 6,000명 환자를 대상으로 '맥박상승과 분노의 영향 관계'를 연구한 결과 분노로 인해 맥박이 상승하면 빨리 외부로 표출해야 안정을 찾을 수 있다. 그러나 참으면 맥박이 상승된 상태가 오래가서 건강이 나빠질 수 있다고 보고한 연구가 있었다. 우리는 주변에서 분노와 증오 등 부정적 감정을 표출하지 못해 발생한 '화병'으로 정신적, 신체적으로 고통을 받는 사람을 보기도 한다. 한편, 차의과대학 교수인 안찬식 박사는 화를 잘 내는 사람은 갑작스럽게 발생하는 분노가 심혈관계를 자주 흥분시켜 관상동맥질환이나 고혈압, 뇌졸중 같은 질환을 일으킬 가능성이 높다고 말한다. 이처럼 화를 너무 참거나, 잘못 표출하게 되면 자신은 물론이고, 타인에게도 상처를 줄 수 있다.

그러므로 이성의 뇌인 전전두엽을 사용하여 우리를 화나게 하는 것이 무엇인지 알아내고, 다른 사람의 행동이나 감정에 대처할 수 있는 교육이 필요한 것이다. 즉 모든 사람은 상황을 판단하고, 정보를 처리하고, 계획을 세우고, 그 계획을 수행하고, 행동의 결과를 예상할 수 있도록 이성의 뇌를 사용하는 법을 교육받아야 한다. 분명한 것은 자신에게 위협이 되거나 원치 않은 상황에서 화를 내는 것은 자연스러운 것이지만 자기 스스로 화가 나는 감정에 대해 인식하고, 조절하고, 적절하게 표현하는 방법을 알고 실행할 수 있어야 한다.

이성보다 감정이 먼저 발달하는 뇌

1960년대에 미국의 심리학자 폴 매클린은 프로이트의 모형과 아주 유사한 '뇌 삼위일체 이론'을 주장했다.

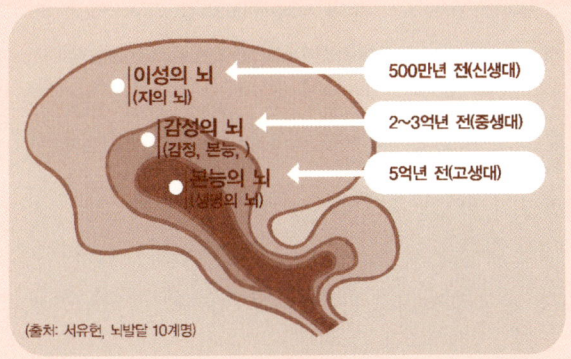

(출처: 서유헌, 뇌발달 10계명)

그림에서 볼 수 있는 것처럼 뇌는 본능의 뇌, 감정의 뇌, 이성의 뇌 등 3층으로 구성되어 있다. 이는 인간의 진화과정과 유사하며 뇌가 발달 하는 순서이기도 하다. 영유아들은 모두 "감정과 본능이 가장 예민한 인간"이다. 영유아기 아이들은 감정에 문제가 생기면 신경발달 기능 이 약화되고 약화된 기능은 논리적 사고능력에 문제가 생겨 다시 감정 을 혼란스럽게 한다. 어린 아이들이 불안을 느끼는 경험을 자주 하거나 스트레스를 많이 받으면 뇌에서 분비되는 스트레스 호르몬이 뇌의 일부분에 독으로 작용한다. 특히 해마체와 편도핵은 스트레스 호르몬에 대단히 취약해서 영유아가 코티솔에 장시간 노출되면 기억력이나 자제력, 주의집중력도 줄어들고 전두엽 발달에도 문제를 일으켜 사회정서적인 문제를 가져올 수 있다. 실제로 정신적 외상을 겪은 유아들의 대뇌변연계 및 피질의 크기가 일반아 보다 20~30% 작다고 한다. 그러므로 아이들의 부정적 감정인 분노는 귀담아 들을 가치가 있는 신호다. 이성의 뇌인 대뇌피질의 전전두엽을 사용하여 우리를 화나게 하는 것이 무엇인지 알아내고, 다른 사람의 행동을 평가하고, 법과 질서를 지킬 수 있도록 교육해야 한다. 그 이유는 바로 아이들의 뇌는 이성보다 감정이 먼저 발달하는 뇌이기 때문이다.

분노 조절은
이해와 사랑이다

　분노는 기본적으로 다른 사람의 행동을 바꾸기 위한 감정이다. 즉 누가 나에게 화를 낸다면 그 사람은 내가 자신이 원하는 대로 바꾸기를 바라는 것이다. 그런데 누가 나에게 화를 내면, 내 안에서 대항하거나 회피 또는 경직되는 등 즉각적으로 반응하게 되어 나도 화를 내거나 그 자리를 피하게 된다. 우리는 아이들에게 부정적으로 보이는 행동 즉 남을 때리거나, 이기적으로 행동하거나, 무례하게 행동해서는 안 된다고 가르친다. 그런데 어쩌면 이것이 자신의 행동이나 영역, 관계가 제한되어 있다고 생각해서 더 분노하는 사회, 더 공격적인 사회 결과적으로 더 폭력적인 사회를 만드는 단초가 될 수 있다.

　교육을 통해서 사람의 행동은 변할 수 있다. 가정폭력은 더 이상 용납되지 않고, 미성년자들이 술을 마시며 파티를 하면 부모가 책임을 져야 하며, 스포츠 스타들이 팬들 앞에서 폭력을 쓰거나 스포츠맨십에 어긋나는 행위를 하면 엄중한 제재가 가해져야 한다.

사실 인간에게 질투나 의심 같은 강하고 충동적인 감정이나 분노는 스스로를 보호하고 적응할 수 있게 해주는 감정들이었다. 그래서 수백만 년에 걸친 진화 과정에서 인간의 뇌에 내장되어 하루아침에 없어지지 않고 완전히 없어져서도 안 되는 것이다.

체벌의 효과에 관한 연구 결과에 따르면, 12세 미만의 자녀를 둔 부모의 85%가 화가 나면 자신의 아이를 때리지만 자신의 체벌이 효과가 있었다고 생각하는 부모는 10%도 안됐다. 65%의 부모들은 아이를 윽박지르거나 때리지 않고 격려해 주는 방법으로 아이를 키우고 싶다고 말한다. 캐나다 몬트리올시 건강 및 발달에 관한 종합조사, 오리건대의 사회학습센타 등 권위 있는 연구소의 결론은 2~4세경의 아동에게 폭력성이나 행동에 문제가 있을 경우 조기 개입해야 한다고 말한다. 원하는 장난감을 사주지 않는다고 마트 바닥에 앉아 우는 아이, 놀다 자기 뜻대로 안되면 때리거나 밀치며 폭력을 쓰는 아이, 소리소리 지르며 물건을 던지는 아이 이는 모두 자기감정을 조절하는 방식을 잘못 배운 경우이다.

인간을 인간답게 하는 뇌는 이성을 주관하는 전전두엽이다. 모든 사람은 전전두엽의 지시에 따라 침착하게 상황을 파악하고 상대방을 존중하고 우호적인 관계를 원한다는 것을 보여주면 상대방도 나를 우호적으로 대하는 것이 보편적이다. 아이들이 화를 덜 내며 분노를 그대로 표출했을 때 어떤 결과가 오는지를 돌이켜보는 시간을 갖게 하면 삶의 방식은 보다 더 생산적으로 바뀔 수 있다. 만일 이런 능력이 없는 아이들이 많은 교실은 충동, 폭력, 산만, 주의력 결핍 등으로 어수선하게 된다. 충동성, 공격성, 정서적 불안정성, 부적절한 분노로 인한 부적절한 대인 관계 등은 사회적 또는 인격적으로 실패자가 될 수 있다.

여기서 가장 중요한 것은 아이들의 이야기를 끝까지 들어주고 공감해 준 어른이 그 아이의 인생에 한 사람이라도 있어야 한다는 것이다. 심리학자 에미 워너 (Emmy Werner)박사가 수행했던 40여 년간 '하와이 카우아이섬 종단 연구'가 있다. 1950년대 하와이 군도 서북쪽 끝에 자리 잡은 작은 섬 카우아이의 사람들은 극심한 가난에 시달리며 주민 대다수가 범죄자나 알코올 중독자 혹은 정신질환자. 1954년 미국의 소아과 및 정신과 의사와 사회복지사, 심리학자로 이루어진 연구팀이 그 해 태어난 833명의 신생아가 엄마 뱃속에 있을 때부터 서른 살 이상 성인이 될 때까지 인생 전반을 추적하는 연구가 수행되었다. 그리고 그중에서도 특히 열악한 환경 즉 부모가 별거 또는 이혼상태이거나, 아빠는 알코올 중독이나 정신 질환 등 질병 고위험군에 속하는 아이들 201명을 뽑아 성장 과정을 추적했다. 물론 우리가 상상할 수 있는 것처럼 이 중의 3분의 2는 18세에 이미 소년원을 들락거리는 등 범죄 기록을 갖고 있거나 미혼모가 되거나 정신 질환을 앓고 있었다. 그런데 놀랍게도 그중 72명은 학창 시절 개근상과 우등상을 놓치지 않았고, SAT 성적이 전국 상위 1퍼센트 이내에 든 경우를 포함해 객관적으로 밝고 훌륭하게 자랐다. 워너 교수는 이들이 열악한 환경을 딛고 건강한 성인으로 자랄 수 있었던 원인을 발견하기 위해 공통된 특성을 탐색한 결과 그들 주변에는 어떤 상황에서도 무조건적으로 신뢰와 지지를 보내주는 어른이 한 사람 이상이 있었다는 것을 발견했다. 대부분의 아이들은 힘들고 괴로워도 누군가가 나를 믿고 기다려 준다고 하면 포기하거나 주저앉지 못한다. 실패를 딛고 성공한 사람들의 삶을 살펴보면 그들이 넘어졌을 때 손을 내밀어 일으켜 준 누군가가 한 사람쯤은 있었다. 어머니나 아버지 등 가족인 경우가 많았지만, 선생님이나 친구, 이웃 중 한 사람이라도 있으면 된다. 그런데 아이들은 자신을 믿어주는 사람도 하나 없고 어디 하나 기댈 곳이 없다는 생각이 들면 참을 수 없게 된다는 것이다. 이해와 사랑이 아이들의 분노 조절의 기본이 된다.

④ 어떻게 키워야 할까요?

 이제 우리 아이들이 화내는 것은 특별한 이유가 있을 때도 있지만 대부분의 경우 사랑받고 인정받기 위한 본능적인 반응의 하나임을 알게 되었다. 그러면 아이들의 화를 그냥 둘 수도 없고 어떻게 표출하도록 도와주어야 할까요?

1) 비폭력적 대화를 하자

 부모나 교사가 평소 사용하는 말이 의식적이든 무의식적이든 아이들에게 격려와 지지가 되면 좋다. 그런데 반대로 부정과 증오를 드러내는 경우도 있다. 그런데 아이들은 이러한 불유쾌한 언어들을 가슴

속에 간직할 뿐 아니라 적대감과 반항심을 키우고 언젠가 이를 행동으로 표현하여 보복을 하기도 한다.

폭력적인 대화가 이루어지는 경우는 대체로 불평등한 지위 관계에서 발생된다. 즉 대부분의 경우 힘을 가진 쪽이 힘이 없는 약자를 향해 힘을 행사하는 경우가 많다. 특히 대등한 관계가 아닌 종속적인 관계에서 이루어지는 언어적 폭력에 힘이 약한 쪽은 일방적으로 당할 수밖에 없다.

긍정적인 인간관계를 유지하고, 나의 욕구와 필요 그리고 상대방의 욕구와 필요가 동시에 만족될 수 있으며 상호 간에 즐거운 방법을 찾는 것을 목적으로 하는 비폭력 대화 (NonViolent Communication : NVC)는 미국의 마셜 로젠버그 박사에 의해 최초로 제창되었다.

대부분의 경우 화를 낸다는 것은 자신의 감정을 내면에 담아두는 것이 아니라 타인에게 드러냄으로써 욕구불만을 해소하고 스트레스를 줄이고 정서적으로 안정될 수 있다. 그래서 부당하다고 생각되면 화를 내는 것은 자연스러울 수 있지만 그 표현 방식이 중요한 것이다.

아무리 화가 나더라도 부모는 너그러움과 인내심을 가지고 마음의 평정을 먼저 이루려고 노력해야 한다. 만일 불필요한 언쟁이나 시비에 휘말릴 것 같으면 먼저 심호흡을 하고 자신의 감정이나 판단을 담은 형용사나 부사는 제외하고 일어난 사실만을 부드럽게 표현하고

명령이나 강요가 아니라 부탁을 하는 것이 좋다. "너는 왜 매번 화

를 내니?" 보다는 "화가 많이 났구나. 속이 많이 상하지? 화를 내는 거 보니까 엄마도 마음이 아파"라는 식으로 아이의 마음을 읽어 준 뒤 "무슨 일이 있어서 화가 났어?"하고 물어보아야 한다. 그러면 아이는 화를 내다가 울어버릴 수도 있고, 지속적으로 씩씩대거나 노려볼 수도 있다. 그럴 경우에도 "엄마가 우리 00이를 도와주고 싶은데, 화를 내면 도와줄 수가 없어"라고 이해해 준다는 마음을 알려주어야 한다. 물론 자녀의 말이 무조건 옳다고 동의해 주는 것은 아니더라도 자녀의 입장에서 생각해 주는 태도가 분노를 예방할 수 있다. 그리고 분노가 지나간 다음 이야기를 다시 해보는 것이 좋다.

최근 연구에 따르면 3~6세 사이인 유치원 시절에 전두엽이 일생 중에서 가장 빠르게 발달하기 때문에 이 시기에는 단순 반복적인 지식교육보다 인간으로 살아가는 데 필수적인, 도덕성 및 인성교육을 시키는 것이 아주 중요하다고 한다. 아이들에게 단순한 지적 교육보다 인간성 교육을 시키는데 더 큰 노력을 기울여야 할 것이다.

극단적인 폭력성의 원인은 뇌의 생리학적 결함

뇌의 전두엽은 고등적인 기능 중에서 동기를 유발하여 주의력을 집중하고, 조화롭고 목적 지향적인 사회적 행동을 하게 하며 감정적 긴장을 조절하는 기능을 담당하고 있는데 살인범들은 감정과

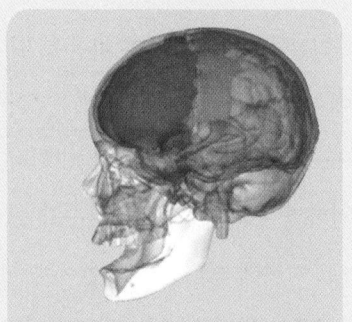
전두엽(붉은 색)은 대뇌 앞쪽에 위치하고 있다.
〈출처: Life Science Databases(LSDB)〉

분노를 조절할 수 있는 브레이크가 결여되어 있다. 이 같은 뇌의 결함은 유전적 요인이나 머리 부상, 출산 과정에서의 사고 또는 임신 기간 중의 음주, 흡연, 마약 복용 등에서 기인한 것일 수 있다. 범죄학자와 심리학자들은 그간 폭력적 가정환경과 어머니와의 유대부족, 동년배의 영향, 출산 전 영향 등을 폭력 범죄의 주요 원인으로 여겼으나 최근 들어서는 폭력의 원인을 신경 생리학적인 측면에서 찾으려는 노력이 시작됐으며 점차 설득력을 얻어가고 있다.

뇌의 전두엽은 고등정신 기능 중에서 동기를 유발하여 주의력을 집중하고, 조화롭고 목적 지향적인 사회적 행동을 하게하며 감정적 긴장을 조절하는 기능을 담당하고 있는데 살인범들은 감정과 분노를 조절할 수 있는 브레이크가 결여되어 있다. 이 같은 뇌의 결함은 유전적 요인 이나 머리 부상, 출산 과정에서의 사고 또는 임신 기간 중의 음주, 흡 연, 마약 복용 등에서 기인한 것일 수 있다. 범죄학자와 심리학자들은 그간 폭력적 가정환경과 어머니와의 유대부족, 동년배의 영향, 출산 전 영향 등을 폭력 범죄의 주요 원인으로 여겼으나 최근 들어서는 폭력의 원인을 신경 생리학적인 측면에서 찾으려는 노력이 시작됐으며 점차 설득력을 얻어가고 있다.

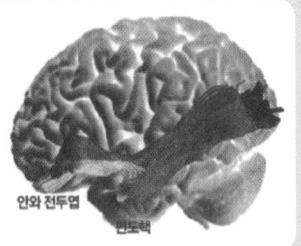

안와 전두엽
편도핵

〈출처: Mol Psychiatry. 2009 Oct;14(10)〉

영화 〈뻐꾸기 둥지 위로 날아간 새〉의 포스터 주인공 잭 닉콜슨은 영화에서 정신병 치료를 위해 전두엽 절제술을 받았다. 그 이유는 전두엽은 주위를 집중하여 어떤 목적을 지향한 의지적 활동을 일관성 있게 수행 할 수 있으며 정교한 사고나 예측을 하는데 필요한 영역이다. 미국 아이오와대 스티븐 앤더슨(Steven W. Anderson) 박사는 전전두엽 피질이 손상되면 자신의 비도덕적인 행동이 사회에 미치는 결과를 예측하거나 윤리적 판단을 내리는 능력이 결핍된다고 한다. 그는 생후 15개월 때 전전두엽을 다친 20세 여자와 생후 3개월 때 뇌수술로 전전두엽이 손상된 23세의 남자가 수술했는데 그 당시에는 뇌 손상에서 완전히 회복되어 교육수준이 높은 부모 밑에서 정상적인 교육을 받으며 정상적으로 성장했다. 그러나 이 두 사람은 청소년기에 습관적인 거짓말, 좀도둑질, 싸움질, 무책임한 성행위를 하기 시작했으며, 자신의 행동에 대해 죄책감을 전혀 보이지 않았는데 그 이유는 상황에 대한 올바른 판단을 내릴 능력이 없는 것으로 나타났다. 앤더슨은 비정상적인 판단력과 폭력적인 성향의 원인을, 어렸을 때의 전전두엽 손상이 결국 정신병과 유사한 증세를 가져온 것이라 설명하지만 반사회적인 행동이 반드시 전 전두엽 피질의 손상 때문이라고 단

> 정할 수는 없다 그러나 비행의 신경학상 원인과 정신병의 생물학적 원인을 규명하는데 도움이 될 것이다

2) 감사하다 고맙다는 말을 자주 하게 하자

사람들이 언제 "감사합니다. 고맙습니다."라고 말할까요? 일반적으로 누군가가 내가 원하는 것을 해줄 때 또는 누군가에게 무엇인가를 받을 때 "감사합니다. 고맙습니다"라고 말하게 된다. 물론 습관적으로 '감사합니다'라고 말하는 사람도 있지만 진정으로 '감사'하다는 감정을 느끼기 위해서는 아주 작고 사소한 일에도 마음 깊이 고마움을 느끼고 표현해야 할 줄 알아야 한다. 모든 도덕적 행위는 본보기와 연습을 통해서 완성되어 간다. 감사하다는 말을 들어본 적도 없고 말해본 적이 없다면 이를 실행하기가 어렵다.

우리나라의 속담에는 "가는 말이 고와야 오는 말이 곱다"라는 말이 있다. 물론 영어 표현 중에 'give and take'라는 말도 있는데 이러한 말들에서 알 수 있는 것은 "주는 것이 먼저"이다. 말이든 행위든 물건이든, 내가 먼저 준 것을 되돌려받을 수 있는 것이지 주지도 않은 것을 돌려받을 수는 없다.

일본의 사진작가 에모토 마사루는 《물은 답을 알고 있다》라는 저서에서 우리가 사용하는 '말'이 '물'의 결정 모양을 변화시킨다고 한다. 사랑이나 평화와 같은 긍정적인 말을 하면 물은 아름다운 결정을 만들고, 욕이나 비난 같은 부정적인 언어를 들은 물은 날카롭고 찌그러진 결정으로 바뀌었다는 것을 사진 자료를 통해 설명하고 있다. 그 책의 내용과 사진들을 보면, "설마 이런 일이? 말도 안돼"라는 생각보다는 말이 만들어 내는 놀라운 에너지에 대해 다시금 생각하게 된다. 그중에서도 "감사합니다. 고맙습니다."라는 긍정의 언어가 말하는 사람과 듣는 사람 모두에게 긍정의 효과를 나타내게 한다는 것은 우리 생활에 시사하는 바가 크다. 실생활에서 실제로 감사하는 마음으로 누군가를 미워하거나 시기하기는 어렵다. 심장과 뇌의 상호작용을 연구해 온 미국 하트매스 연구소(HeartMath Institute)의 롤린 맥크래티(Rollin McCraty) 박사는 사람들에게 의식적으로 감사하는 마음을 갖게 한 결과 부교감신경계가 활성화되어 스트레스와 긴장이 감소했다고 한다. 감사는 스트레스와 분노, 화를 잠재우게 한다. 만일 부모 자신이 아이들에게 아침, 점심, 저녁으로 고마운 일과 감사한 일들을 생각해 내고 말하는 습관이 필요하다. 특히, 잠들기 전에 아이와 하루에 감사할 만한 일들을 생각해 내고 말하게 한다면 아이들만이 아니라, 부모 자신에게도 긍정적 정서 함양에 효과적일 것이다. 특히 아이가 가진 장점을 칭찬하기보다 다른 사람들의 도움에 감사하는 생활을 해간다면 아이들만이 아니라 부모님들도 화를 내는 빈도는 훨씬 줄어들 것이다. 인간의 뇌에는 공감의 뉴런이 있어 감사 한 일, 아름다운 미래, 행복한 모습을 생각하기만 얼굴에 미소가 떠오르게 된다. 부모님이나 주변의 성인들이 매일 하루에도 여러 번 "감사합니다. 고맙습니다"를 계속하다 보면 아이들이 변하고 사회가 변할 것이다. "고맙다"라는 말은 그 말을 하는 사람과 듣는 사람 모두에게 좋은 에너지를 불어넣어 주고 서로 존중하고 존중받는 사회, 서로를 배려하는 아름다운 사회가 더 빨리 찾아올 수 있다. 서울 성수고등학교 권정은 교사는 아이들과 말의 힘을 실험하기 위해 밥을 넣은 두 개의 유리병을 준비했다 그리고 하나의 병에는 '고맙습니다'라는 긍정의 언어를 다른 한 병에는 '짜증 나!'라는 부정의 언어를 하게 하였다. 3주가 흐른 뒤 그 결과는 놀라웠다. '고맙습니다'가 쓰여 있는 병에는 구수한 냄새가 나는 누룩곰팡이가 피어있었고 부정적인 언어 짜증나!가 쓰여 있는 병에는 시커먼 곰팡이가 피어있었다.

언어는 아주 작은 행동의 하나이지만 반복하면 습관이 되고 습관이 바로 아이의 인생이 긍정적으로 바뀌게 된다. 모든 사람이 '고맙습니다', '감사합니다'라는 언어를 사용함으로 몸을 바꾸고 마음도 바뀌어지는 것을 경험할 수 있다. 아이들에게 일단 '고맙다'라는 말을 매일 하다 보면 아이들이 어느 사이 화를 내기보다 다른 사람을 이해하고 사랑하는 아이들도 성장하게 되는 것을 느낄 수 있게 될 것이다.

3) 아이와 걸어보자

프랑스에는 '쇠이유(Seuil)'라는 비행 청소년 교정단체가 있는데 교정 방식이 좀 특별하다. 즉 소년원에 수감된 청소년을 프랑스어가 통하지 않는 다른 나라에서 3개월 동안 1,600킬로미터, 하루 평균 17킬로미터를 걸어야 한다. "걷기란 자신에 대한 성찰이다. 걸으면 자연스럽게 자신을 돌아보게 된다. 자신을 돌아보면 깨닫게 되고, 이러한 깨달음이 쌓여 인생을 설계하게 한다."라는 말이 있다. 걷기가 단지 다리를 움직여 걷는 행위 때문이 아니라 걷는 동안 일어나는 자기 내면을 돌아보는데 그 가치가 있다. 쇠이유를 통해 아이들이 걷기를 할 때는 곁에 항상 멘토가 함께한다. 낯선 어른이지만 석 달 내내 아이와 함께 지내면서 감시자가 아닌 보호자이자 동행자가 되어 준다고 한다. 재미있는 것은 쇠이유가 우리말로 '문턱' 혹은 '문지방'을 의미한다는 것이다. 문지방은 별로 높지 않지만 발이 걸려 넘어지기엔 충분히 높다. 아기들이 기어다니기 시작할 때 좌절을 겪기 쉬운 곳도 문지방이고, 걸음마를 떼고 자유를 만끽하지만, 문지방에서 걸려 넘어지기 십상이다. 쇠이유는 인생의 문턱에서 넘어진 아이에게 어른이 먼저 손을 내밀어 일으켜 주고, 자기 자신과 자신을 둘러싼 모든 것을 되돌아볼 기회를 주는 것이다. 프랑스 비행 청소년의 재범률은 85퍼센트인 반면, 쇠이유 출신의 재범률은 15퍼센트에 불과하다고 한다. 그 이유는 걷기를 통해 아이들은 자신들의 상처를 보듬어

준 사람들을 알게 되었고 자기 자신을 스스로 돌아볼 성찰의 기회를 얻었기 때문이다. 아이들에게 걷기는 "신체와 정신을 균형 있게 발달시킬 수 있지만 더욱더 중요한 것은 반드시 동행자와 함께 걷는 것이 좋다. 특히 부모가 아이들의 동행자로 걸으면서 아이와 지나간 분노의 순간을 돌아보고 성찰하는 시간은 신체와 정신을 균형 있게 발달 시킬 수 있어서 좋기도 하지만 부-자, 모-자간의 유대를 돈독하게 한다. 화내고 자기조절이 안 되는 아이들을 손쉬운 처벌로 다스리기보다는 비록 시간이 걸리더라도 아이들의 공감 회로에 불이 켜질 때까지 인내심을 갖고 어른들이 함께 해준다면 미래 사회가 밝아질 것이다.

걷기의 가치

쇠이유는 〈르 피가로〉 등에서 30년간 기자생활을 하고 은퇴한 베르나르 올리비에(Bernard Ollivier)가 저술한 책이다. 나이 예순에 퇴직한 그는 아내를 먼저 떠나보내고 우울증에 걸려 자살까지 시도했지만 결국걷기를 통해 새 삶을 얻었다고 한다. 1999년 5월부터 3년간 터키 이스탄불에서 중국 시안에 이르는 1만 2,000킬로미터를 도보로 여행하고쓴 책은 프랑스에서 40만부 넘게 팔렸고, 전 세계 9개 국어로 번역되었다고 한다. 우리나라에도 ≪나는 걷는다≫라는 제목으로 출간되었다.그는"인세의 절반은 쇠이유에 주고, 절반은 세금으로 냈다. 나는 돈에는 관심이 없다. 돈으로 행복을 살 수 있다면 모르겠지만 행복을 파는상점은 어디에도 없다."고 말한다. 그런데 그가 자신의 상처를 치유하고 청소년을 교화하는 수단으로 왜 하필 걷기를 선택했을까? 젊은 시절 기자로 무척이나 바쁘게 살았던 그는 은퇴 후 느리지만 더 생생한삶을 찾고 싶어 걷기에 나섰다고 한다. 기자 생활을 하는 동안 스무 차례나 마라톤을 완주했던 그는 퇴직 후 3개월에 걸쳐 프랑스 파리에서부터 스페인의 콘포스텔라에 이르는 2,300킬로미터를 도보로 여행하면서 걷기의 가치를 발견했다.

8장

타인을 배려하는 아이가 리더가 된다

어른들은 자기 것을 잘 챙기는 아이들이 공부도 잘하고 성공적이라고 생각한다. 왜? 어른들은 남에게 양보하고 배려하는 것보다 자기 것을 잘 챙기는 아이가 더 성공한다고 생각할까요?

　　우리 부모님들의 뜨거운 교육열은 우리나라의 산업화와 고도 경제성장을 이끈 원동력이다. 버락 오바마 미국 대통령 역시 우리 교육의 이런 경쟁력에 주목했었다. 그만큼 큰 성과를 거둔 것도 사실이지만 과연 지금 협력보다는 경쟁이 강조되는 교육 방향이 산업사회가 아닌 정보화 사회에서도 유효할까요? 좋은 학교에 가서 공부를 잘하면 과연 사회적으로 성공할 수 있을까요?

　　어떤 친구를 반장으로 뽑고 싶어? 라는 질문을 초등학생에게 해보았더니 '친구들과 어울려서 잘 노는 친구', 아니면 '책임감이 많은 친구를 반장으로 뽑고 싶어요'라고 대답을 했다. 그리고 너희 반 반장 하는 친구는 무엇을 잘하니? 라고 물었더니 "공부도 잘하는데, 친구들이랑 어울려서 노는 것도 아주 잘해요. 재미있게 놀 줄도 알고 심지어 장난도 심해요. 친구들이 좋아해서 반장이 되는 거예요"라고 대답한다. 그런데 어른들은 자기 것을 잘 챙기는 아이들이 공부도 잘하고 성공적이라고 생각한다. 왜? 어른들은 남에게 양보하고 배려하는 것 보다 자기 것을 잘 챙기는 아이가 더 성공한다고 생각할까요? 정말 다른 사람을 배려하고 존중하는 아이가 손해를 볼까요? 사회적으로 유능한 것은 어떤 것을 뜻할까요?

사회에서 유능한 사람들이 대부분 리더가 되는데 사회적으로 유능한 것은 타인들과 상호작용하는 능력이 좋다는 뜻이다. 그러나 이런 능력도 태어나면서부터 가지고 난 어떤 특성이 아니라 사회적인 관계 경험을 통해서 학습되어질 수 있는 능력이고 기술이므로 사회적 관계 속에서 자연스럽게 발달하는 것이다. 우리 국민들은 우리 사회가 더 좋은 사회가 되기 위해서는 '타인에 대한 배려'가 중요하다고 생각하고 있으며, 청소년들에게 부족한 덕목으로는 '타인에 대한 배려'를 꼽고 있다. 우리 사회가 더 좋은 사회가 되기 위해, 필요한 가치로 '타인에 대한 배려'라는 응답이 10점 만점에 평균 8.7점으로 가장 높았으며, 우리 청소년들에게 필요한 덕목으로 '타인에 대한 배려'라는 응답이 가장 높다는 점에서 타인에 대한 배려가 새로운 사회적 가치로 확산되고 있다.

그런데 대학생 200명에게 물었습니다. 여러분에게 배려는 무엇입니까? 그랬더니 대학생들은 배려란 '여러모로 자상하게 마음을 쓰는 것'으로 나만 생각하지 않는 것. 내 생각을 강요하지 않는 것. 부담스럽게 하지 않는 것. 피해주지 않는 것. 바라지도 않는 것을 일방적으로 주지 않는 것. 거절을 받아들이는 것. 지나치게 다가서지 않는 것. 상대방의 마음을 이해하는 것. 상대방이 바라는 것이 무엇인지 이해하는 것이라고 대답했다.

그런데 배려와 같은 친사회적 행동이 어린아이들에게도 가능할까요?

①
친사회적 행동도 발달한다

　사회적 능력은 타인들과 상호작용하는 능력으로 태어날 때부터 타고난 어떤 특정인만이 소유하는 특성이 아니라 누구나 경험을 통하여 학습될 수 있는 능력이며 기술로 사회적 관계 속에서 자연스럽게 발달한다. 어린아이들은 모두 자기중심적이고 이기적인 것으로 묘사되지만, 곤경에 처한 사람을 위로하고 또 관심을 갖는 행동은 취학 전에도 나타나며 연령이 증가하면서 더욱 자주 나타난다.

　동물행동학과 사회생물학적 입장에서도 인간이 타인을 배려하는 행동은 종의 생존을 보장해 주는 본능적인 행동으로 본다. 심지어 12~18개월 영아들도 비슷한 또래의 친구들에게 자원해서 장난감을 주기도 하고 부모들이 일상생활에서 하는 청소하고 식기를 세척하고 식탁을 차리는 일하는 것을 도우려 한다. 2세~3세 정도의 영아도 놀이감이 풍부할 때보다 부족하다고 느낄 때 또래에게 장난감을 줄 가능성이 높고, 또래에게 동정심을 표현하거나 동정적으로 행동 할 수 있다. 심지어 어린 유아들도 타인에게 친절한 행동을 하는 것에 대해 자기 스스로 기쁨을 느끼는 것이 발견된다. 그러나 공유하기, 돕기, 동정하기와 같은 친사회적 행동 대부분은 초등학교 시기부터 점점 더 보편적으로 되는 것으로 보아 친사회적 행동은 발달하는 것이라고 말할 수 있다. 타인의 고통에 공감하고 도와주려는 행동은 타고나는 것이라기보다는 연령이 증가하면서 사회 인지능력이 발달하고 타인의 욕구를 이해하고 잘 어울려 살아가기 위해 발달되는 행동 특성이라고 할 수 있다.

특히 이타적 행동은 동기가 어디에 있느냐에 따라 이타적 행동인지 아닌지가 구분된다. 같은 친사회적 행동이라 할지라도 그 동기가 그 행동으로 인하여 자신에게 돌아올 어떤 보상을 기대하지 않고 오로지 다른 사람을 이롭게 할 경우에만 이타적 행동이라고 생각한다. 그러나 대부분의 경우 친사회적 행동의 진정한 동기가 과연 무엇인지 우리가 실제로 알 수 없다. 따라서 동기가 무엇이든 다른 사람을 이롭게 하는 행동이면 모두 이타적 행동으로 보아도 된다고 주장하는 사람도 있다. 이때의 이타적 행동은 친사회적 행동과 비슷한 개념이다. 어린아이들의 이타심에는 곤경에 처한 사람에 대한 감정이입적 또는 동정적 정서가 작용하고, 그 대상이 자신과 가까운 사이일 때 더욱 증가한다. 곤경에 처한 사람을 위로하고 관심을 갖는 행동은 취학전에도 나타나기는 하지만, 이타적 행동은 유아기보다 아동기에 더욱 자주 발생한다. 많은 심리학자나 교육학자들이 지난 25년 이상, 친사회적 행동에 대한 아동의 추론 발달 그리고 이타행동과의 관계를 연구하였다. 예를 들면 Nancy Eisenberg와 동료들은 개인적으로 자신이 손해를 감수하고도 타인을 도와줄지 말지를 결정해야 하는 친사회적 딜레마를 제시하여 그 행동 선택에 추론의 발달을 살펴보는 연구를 진행하였다.

쾌락주의적 추론 즉 '나는 생일 케이크를 좋아하기 때문에 생일잔치에 가야 한다'고 말한다, 그러나 연령이 증가함에 따라 점점 상대방의 욕구를 이해하기 때문에 '그 아이가 다리를 다쳐서 아프니까 그 아이를 도와주어야 한다'고 말하게 된다. 유아들이 인지적으로 미숙해서 타인의 마음을 헤아리거나 감정을 공유할 수 없다면 또래 친구를 도와주거나 어려운 상황에서도 자신에게 이로운 방향으로 행동을 선택하게 된다. 즉 나이가 어린 유아일수록 또래 친구들의 어려움을 알고 반응하는 것처럼 보일지라도 이런 상황 자체를 받아들이고 반응하는 데 자신의 불편함을 줄이기 위해 도움이 필요한 사람들을 무시하거나 피해갈 수 있다. 그렇지만 어린아이들도 자신의 감정이입되어 갖게 되는 감정을 타인에 대한 관심으로 해석하는 경향이 더 많으며 결국 이타적 행동은 증진된다.

친사회적 행동의 기원

친사회적 행동은 다른 사람을 이롭게 하는 행동으로서 친구에게 자기 소유물을 나누어주거나, 곤경에 처한 사람을 돕거나, 자기 자랑보다는 남을 칭찬하고, 다른 사람의 복지증진에 관심을 갖는 것을 포함한다. 정신분석 이론과 인지발달 이론, 그리고 사회학습이론에서는 친사회적 행동은 유전적인 것이 아니고 학습된 것이라고 본다. 이 입장에서 친사회적인 행동은 강화와 벌이 중요하다고 한다. 실제로 많은 부모들은 자녀들이 아직 기저귀를 차고 있는 아기들에게도 공유하기, 협동하기, 돕기와 같은 친사회적 행동을 하도록 격려한다. 일부에서는 영아와 같이 어린아이들은 다른 사람의 욕구를 고려할 수 없기 때문에 성인들이 시간을 허비하는 것이라고 주장하지만 이는 틀렸다고 한다.

아이들은 도덕이나 종교에 대한 형식적 교육을 받기 전에도 어른들의 친사회적 행동과 닮은 방식으로 행동할 수 있다. 예를 들면 12~18개월 영아들도 때로 비슷한 또래의 친구들에게 자원해서 장난감을 주기도 하고 부모들이 일상생활에서 수행하는 가사일 예를 들어 청소하고 식기를 세척하고 식탁을 차리는 일하는 것을 도우려 한다. 심지어 또래에게 동정심을 표현하거나 동정적으로 행동할 수 있으며 스트레스를 받은 친구들을 편안하게 해주려고 노력하는 아이도 있지만 그렇지 않은 아이들도 있다.

생애초기 동정심의 개인차는 성인의 반응에 많이 의존한다. 어머니들은 아이들의 바르지 못한 행동을 훈육하기 위해 언어적 비난이나 신체적 처벌과 같은 강압적인 양육법을 사용한다. 그런데 동정심을 많이 보이는 어머니들을 관찰해보면 아기들이 자신이 타인에게 어떤 결과를 야기시켰는지를 알 수 있도록 정서적 설명(affective explanation)으로 훈육하는 것이 발견되었다. "네가 OO를 울게 만들었어, 깨무는 것은 좋지않아"등 아이들에게 타인의 욕구에 대해 잘 지도한다면 공유나 선한 행동들이 일어날 가능성이 높다. 결국 영유아기의 친사회적 행동은 부모에 기인한다고 할 수 있다.

❷ 친사회적 행동을 하는 아이가 리더가 되는 이유

타인을 도와주는 아이들은 자기 자신을 유능하다고 생각하거나 자부심을 품는다.

친사회적 행동이란 사회적으로 긍정적인 결과를 가져오게 하는 행동으로서 외적인 보상을 기대하지 않고 타인을 유익하게 해주기 위해 자발적으로 수행하는 행동 또는 외적보상을 기대하지 않고 다른 사람 또는 다른 집단을 돕거나 이롭게 하는 행동이라 한다. 그런데 일반적으로나 사회적으로 지도자가 되는 사람을 리더라 하는데 이들의 특성은 자신의 사고와 감정을 잘 활용하여 목표를 성취해 나가는 능력을 갖췄으며 더 나아가 또래와 긍정적인 상호작용 즉 이해하기, 돕기, 나누기 등 공유하고자 하는 생각과 행동함으로써 또래와 집단에 영향을 줄 수 있는 사람이 된다.

펜실베니아대학교 경영대학원인 와튼스쿨의 학자들은 '고맙다'라는 말을 들으면 어떻게 남을 더 잘 돕게 되는지를 연구했다. 첫 번째 실험에서는 실험 참가자들에게 취직을 위해 자기소개서 쓰는 것을 도와주게 했고, 다른 실험에서는 대학의 기금 모금자를 응대하게 했다. 그리고 실험 참가자들이 고맙다는 말을 들은 상황과 듣지 못한 상황에서 더 도움을 주거나 도움 주기를 그만둔 이유가 무엇인지를 알아보았다. 그 결과 학자들은 계속해서 도움을 준 이유로 자기효능감과 사회적 가치임을 발견하였다. 즉 '자기효능감'이 계속 도움을 주도록 동기를 부여했으며 그들은 내적으로 스스로를 더 가치 있게 생각했다. 즉 남에게 도움을 주는 아이들의 경우 자기 스스로를 유능하다고 생각하거나 자랑스러워하고 있었다. 즉 자기효능감과 사회적 가치 모두 남을 도울 동기를 부여할 수 있다. 자기소개서 쓰는 걸 도와주게 한 실험에서, 고맙다는 말을 들으면 다시 누군가를 도와 줄 가능성을 두 배 이상 높여주었다. 이처럼 고맙다는 말을 들은 사람들은 남을 돕고 싶어진다. 자신을 사회적으로 가치 있는 존재로 느끼기 때문이다. 친사회적 행동을 하게 되는 사람들은 타인으로부터 '고맙다'라는 말을 많이 듣게 되면서 더 많이 친사회적 행동을 하는 사람으로 발달해 간다. 예를 들어 간식 준비를 돕거나, 또래 친구의 작업을 도와주거나, 어려운 처지의 친구를 위로하는 경험은 아이들에게 자신을 누군가에게 필요한 사람, 가치 있는 사람, 중요한 사람으로 지각하게 되고 상대방과 우정과 애정을 쌓는 기회가 될 수 있다. 친사회적 행동을 많이 하는 사람은 다른 사람에게 많은 지지를 받기 때문에 추종자도 많게 되어 어느 순간 지도적인 리더의 위치에 오를 수 있다.

많은 연구자들은 친사회적 행동을 하는 것은 이점이 많다고 한다. 첫째, 만족감을 얻고, 유능하다는 것이 무엇인지 알게 되고, 보다 지지적인 또래 관계를 맺게 되고 둘째, 도움을 받거나 협동하고 위로받을 기회가 늘어나며 셋째, 초기의 친사회적 행동은 현재와 미래의 학업성취를 높인다. 넷째, 자신과 집단구성원 모두 다정하고 유능하다고 생각하면서 긍정적 집단 분위기를 만들고 또래들 간에 인기가 높다. 다섯째, 친사회적 행동이 격려되는 집단은 상호작용이 친근하며 생산적이다. 결국 친사회적 행동을 많이 하는 사람은 타인과 긍정적 관계를 유지하면서 자신의 목표를 달성할 수 있는 사회적 유능성을 가진 사람이다. 그리고 이는 현대사회의 리더가 갖는 속성이 된다. 아이들이 타인을 배려하고 존중하며 공감할 수 있는 인성을 가진 아이가 리더가 되기 때문에 이제 인성이 실력이 되는 사회가 되었다.

③ 친사회적 행동을 하는 본보기가 필요하다

친사회적 행동을 하는 본보기를 관찰한 아동들은 그러한 모델이나 본보기를 본 적이 없거나 이기적인 모델을 관찰한 아동보다 훨씬 관대한 경향이 있다. 따라서 이타적 본보기와의 만남의 기회는 친 사회적 행동에 대한 관심이나 행동 발달에 도움을 줄 수 있다. 한편, 아동이 한 행동에 대한 부모의 반응도 친사회적 행동이나 이타성 발달에서 중요한 역할을 한다.

동정심이 적은 걸음마기 아동의 어머니들은 아기들의 바람직하지 못한 행동에 대해 처벌적이거나 강제적인 방식으로 반응한다. 반면에 동정심이 많은 걸음마기 아동의 어머니들은 아기들이 이기적인 행동을 하더라도 해로운 행동을 하는 것의 개인적 책임을 받아들이고 상대방에게 편안하고 도움을 주는 반응을 하도록 자극하면서, 동정심을 보이며 덜 처벌적이고 정서적 설명에 주로 의존한다. 규칙적으로 타인에 대한 동정심과 관심을 보이는 합리적이고 비 처벌적인 양육을 하는 부모들은 동정적이고 자기-희생적인 경향이 있는 반면 강제적이고 처벌적인 훈육을 빈번하게 하는 부모들은 아이들의 이타성을 억제하고 자기-중심적 가치의 발달로 이끌 가능성이 있다.

아이들이 친사회적 행동을 하기 위해서는 친사회적 행동을 하는 것이 자신에게 좋은 결과가 온다는 것을 인식할 기회가 있어야 하며 이를 행동으로 실천하고 그 후에 만족감이나 유능감을 경험할 수 있는 기회가 필요하다. 특히 유아들은 타인의 관점을 인지할 수 있는 능력이 부족하므로 어떤 행동이 최선의 결과가 올 것인지 예측하는 것이 불가능하다. 따라서 부모나 교사는 적절한 그림동화나 이야기를 통해 친사회적 행동을 한 경우 긍정적 결과가 온다는 것을 간접적으로나마 인식할 기회를 주고 아이들이 조금이라도 친사회적 행동을 보인다면 격려와 칭찬을 아끼지 말아야 한다. 연구들도 좋아하고 존경받는 성인들이 아이들의 친절한 행동에 대해 언어적으로 강화하는 것으로 아동의 친사회적 행동을 증진시킬 수 있다는 것을 밝히고 있다. 아동들은 일반적으로 그들이 존경하는 사람들의 기준에 따라 살도록 동기화되고, 그들의 친절한 행동에 따르는 칭찬은 그 목적을 성취하게 한다.

사회학습 이론가인 Bandura(1965)에 따르면, 아이들은 자신이 본 대로 행동한다고 주장한다. 특히 공격성에 관련된 연구에서 활용된

그의 보보인형 실험은 널리 알려져 있다. 그는 3~6세 유아 남, 여 각 36명 함께 72명을 24명씩 세 집단으로 나누어 실험을 하였다. 반 두라는 이 아이들에게 공격적 행동을 하고 있는 영상자료를 보여주었다. 이 모델은 보보인형을 넘어뜨리고, 그 위에 타고 앉아 "코 한 방 먹어라, 퍽!" "누워있어!" 등과 같이 소리치며 주먹질을 하였다.

각 아동은 세 조건 중의 하나에 배정되었는데, 이 조건들은, 각 아동이 똑같은 영상자료를 보게 되지만 마지막 부분이 다르게 끝나는 것들이었다.

1) **첫 번째 집단**: 공격적 행동을 한 주인공이 마지막 장면에서 칭찬을 받고 선물도 받는 것을 보게 하였다.
2) **두 번째 집단**: 공격성 처벌 조건- 모델에게 "깡패"라고 욕하고 때려주어 겁을 먹도록 하였다.
3) **세 번째 집단**: 아무 결과도 없는 조건-모델의 공격적 행동에 대하여 상이나 벌 중 아무것도 주지 않았다.

영화가 끝난 후에, 각 아동은 즉시 인형과 다른 장난감들이 있는 방으로 안내되었다. 실험자는 일방경 즉, 한쪽에는 보이고, 다른 한쪽 피험자에게서는 보이지 않도록 되어있는 거울을 통하여 아동이 얼마나 자주 모델이 했던 공격적인 행동을 모방하는지 관찰하였다.

그 결과 공격적인 행동을 한 것이 칭찬이나 상을 받는 것을 본 아동이 가장 공격적이었으며 공격적 행동이 처벌받는 것을 본 아동의 공격성이 가장 덜 하였고 공격적 행동에 상이나 벌이 없는 경우 아동의 공격성은 중간 정도였다.

아이들이 조금이라도 친사회적 행동을 보인다면 격려와 칭찬을 아끼지 말아야한다.

결론적으로 친사회적 행동이든 공격적인 행동이든 그 행동을 한 사람이 어떤 보상을 받는지를 아이들이 본 것이 아이들의 뇌에 각인이 되어 행동이 그대로 재현 된다고 할 수 있다. 아이들은 모두 따라하기의 천재들이다. 그래서 본보기가 중요한 것이다.

④ 어떻게 해야 할까요?

1) 친사회적 행동을 가르쳐라

   사람들간에는 서로서로 지켜야 할 규칙이나 규범이 있으며 좋은 행동을 하면 반드시 상을 받고 나쁜 일은 벌을 받는다는 것을 알게 하는 것이 필요한 시기가 바로 유아기이다. 대부분의 아이들은 모두 친구와 잘 지내고 싶어 하며 사랑받고 인정받고 싶어 한다. 그런데 아이들은 어떻게 해야 하는지 모르기 때문에 바람직한 행동이 무엇인지를 가르치는 것이 우선되어야 한다. 그러므로 성인들은 아이들에게 해서 안 되는 것과 되는 것, 해야 할 것과 하지 말아야 할 것을 일관성 있게 지도하는 것부터 실천해야 한다. 예를 들면, 타인의 소유물을 손상시키지 말 것, 어른들에게 예의 바르고 공손한 태도를 보일 것, 약한 사람을 도와 줄 것 등 나누고, 돕고, 협력하는 것이 좋다는 것을 알려줄 필요가 있다.

교육 도구로서의 TV와 스마트기기 활용

TV는 바보상자다. 아이들에게 TV는 가능하면 보여주지 말라는 이야기가 많다. 그런데 어떤 엄마는 자신의 아이가 "뽀로로" 프로그램을 보고 어른에게 존대말을 한다든지 남을 도와주는 행동을 배웠다고 한다. 어린 아동들이 그들의 인생의 아주 초기인 영유아기에 바깥 세계를 보는 창인 TV나 스마트기기들은 많은 가치있는 개념들을 자연스럽게 가르치는 효과적인 방식이 되기도 한다.

협동, 공유, 고통받는 동료를 위로하기와 같은 친 사회적 활동의 이점을 보여주기 위해서 많은 TV프로그램들 - 특히 공영 TV에서 방영되는 세사미 스트리트와 로저스씨네 이웃과 같은 프로그램들이 기획되었고 이를 통해 친사회적 행동을 많이 접해 본 어린 아동들은 더 친사회적이 되는 걸 발견했다.

그러나 어른들이 어린이 프로를 함께 보고 모니터링하면서 TV에서 노출된 친사회적 행동을 시연해 보거나 행동하도록 격려하지 않는다면 긍정적 결과는 나타나지 않는다. 특히 어른들이 대인 간 갈등을 해결하는 건설적인 방법을 강조하는 일화에 아동들이 관심을 두도록 격려한다면, 친사회적 프로그램의 긍정적인 효과는 부정적 효과보다 크다고 할수 있다. 교육 프로그램에 대한 비판자들은 교육적 TV의 시청이 성인의 지도 하에 이루어지는 독서와

> 능동적 학습과 같은 더 가치있고 성장을 도와주는 일들을 대체하는 수동적 활동이라고 주장했다. 물론 일반적인 청취 프로그램과 만화를 보면서 보내는 시간들이 아이들의 독서나 다른 교육적 활동을 감소시킬 수는 있다. 실제로 자녀들이 교육적 프로그램을 시청하도록 격려하는 부모들은 또한 일반 시청 프로그램에 노출되는 걸 제한하는 효과를 가지며 TV의 대안이 되는 다른 교육적 활동들도 제공하는 경향이 있는 것으로 보아 이제 교육적인 TV프로그램이나 스마트기기 활용은 부모들이 어떻게 활용하느냐에 따라 가치있는 자원이 될수 있다.

2) 다양한 친사회적 행동의 본보기를 보여주자

아이들이 친사회적 행동을 하기 원한다면 가정에서는 부모나 손위 형제자매, 학교에서는 또래와 교사가, 사회에서는 성인들이 좋은 본보기를 보여야 한다. 한편, 적절한 도서의 선정과 TV 프로그램 등 친사회적 행동 모델이 제시될 수 있는 여건을 마련하여 아이들의 본보기가 될 수 있도록 한다. 특히 나누기와 위로하기, 도와주기, 협동하기 등과 같은 친사회적 행동이 결과적으로 상을 받거나 긍정적인 결과가 오는 것을 간접적으로 경험해도 좋다. 그러나 상대방의 가치 있는 행동에 대한 인정이 없는 칭찬은 단지 아첨이다. 아이들에게 그저 "착하지"와 같은 언사는 일상생활을 유지하기 위한 사회적 기술이다. '칭찬은 고래도 춤추게 한다?'라는 말의 핵심은 "어떤 행동에 대해서 주의를 기울일수록 그 행동이 계속 반복된다는 사실을 말해 주고 있는 것이다. 범고래들도 잘못한 일 대신에 잘한 일에 관심을 갖고 격려해 주면 인간들이 원하는 행동을 한다는 것이다. 이처럼 좋은 칭찬이란 과정 하나하나에 바람직한 행동을 칭찬하는 것이다. 결국 칭찬은 이미 행해진 특정 행동에 대한 평가이고 판단이며 그것을 인정해 주는 것이다.

자신의 친사회적 행동에 대해 물질적인 보상을 받은 유아들이 이타적으로 성장하지는 않는다고 하는데 그 이유는 타인에 대한 관심보다 물질을 얻기 위해 하는 행동으로 굳어지면 후에 자신에게 상이 되는 물질이 중단되면 타인을 위해 희생할 가능성은 별로 없다고 한다. 그러므로 아이들의 친사회적 행동에 물질적 보상은 별로 바람직하지 않고 오히려 많은 경험을 통해 가치감이나 유능감을 얻을 기회가 주어지는 본보기가 많을수록 좋다. 결국 아이들이 친사회적 행동을 하기 위해서는 친사회적 행동을 하는 것이 자신에게 좋은 결과가 온다는 것을 인식할 기회가 있어야 하며 이를 행동으로 실천하고 그 후에 만족감이나 유능감을 경험할 수 있는 기회가 필요하다. 그런데 어린 유아들은 타인의 관점을 인지할 수 있는 능력이 부족하므로 어떤 행동이 최선의 결과가 올 것인지 예측하는 것이 불가능하다. 따라서 부모나 교사가 적절한 본보기가 되거나 그림동화나 이야기를 통해 간접으로 친사회적 행동을 한 경우 긍정적 결과가 온다는 것을 인식할 기회를 주고 조금이라도 친사회적 행동을 보여준다면 격려와 칭찬을 아끼지 말아야 한다.

3) 부모의 반응이 중요하다

아이들의 생활이나 행동을 주의 깊게 관찰해 보면 누가 가르치지 않아도 친사회적이고 타인을 배려하는 행동을 보이는 경우가 많다. 어른들은 아이들의 규범에 맞지 않는 행동을 나무라기는 쉽지만 친사회적이고 타인을 배려하는 행동은 무심코 지나치기가 쉽다. 그러나 아이들의 바람직한 행동 특성이 관찰되는 대로 관심을 보이거나 칭찬을 해주어야 한다. 어른들이 좋게 평가해 주고, 칭찬받는 아이들의 행동은 더 자주 반복될 가능성이 높아지며, 무시되거나 벌을 받는 행동은 약화하거나 소멸한다. 부모는 아이의 친사회적 행동에 대한 자아상 형성을 위해서도 긍정적 평가반응을 표현해 주는 것이 필요하다. 예를 들어 '네가 동생을 도와주니 너무 고맙구나' '너희 둘이 협동해서 빨리 끝냈어. 그렇지? 역시 서로 협동하면 일이 쉬워지지?' 'ㅇㅇ아, 네가 동생이 우는 것을 달래준 것은 정말 친절한 행동이야, 엄마는 네가 그렇게 해주니 정말 고맙구나' 등 아이들에게 보여주는 부모의 반응은 긍정적인 행동에 초점을 맞추어야 한다. 잘하지 못하는 행동은 더러 못 본 체하고 잘하는 행동은 두 눈을 크게 뜨고 감탄해 주어야 한다. 아이들은 격려와 지지를 통해 커나간다.

'고맙구나'와 같은 부모의 인정반응은 바람직한 행동을 유발시키는 단서가 된다.

존중받으면 존중하는 아이가 된다

하버드대학교 조지 베일런트(George Vaillant)교수는 '하버드 그랜트 연구(Grant Study)'를 통해 성공적인 삶을 위해선 어린 시절 사랑받고 자란 경험이 무엇보다 중요하다고 한다.

한 아이가 모래 놀이터에서 장난감을 갖고 혼자 놀고 있다. 아이는 자신의 배에서 뭔가 조금 불편한 기분이 느껴지지만 그 기분은 이내 사라지고, 아이는 다시 놀이에 집중하다가 이내 엄마를 부른다. "엄마, 배고파" 엄마는 "배고파? 그럼 뭐 먹어야지." 아이에게 지금 무슨 일이 일어났는지 엄마는 알 수 없다. 아이는 배고픔에 대해 정확히 모르지만 배에서 조금 불편한 기분이 드는데 전에도 한 번 느껴본 적 있는 이 느낌은 음식을 먹으면 사라졌다. 어린아이는 자기 스스로 이 불편한 느낌을 해결하기에는 미숙하므로 엄마를 찾은 것이다. 엄마는 늘 아이의 문제를 해결해 주는 사람이다. 엄마는 아이 스스로 어떤 문제가 있는지를 알기도 전에 먼저 해결해 주기도 한다. 아이는 엄마에게 "내가 배고픈거야?"라고 묻지 않지만 "배고파?"라고 엄마가 물으면 아이는 그제서야 생각한다. '그래, 이런 게 바로 배고픈 거야. 배고픈 것 같다고 생각했는데, 엄마가 먹을 걸 준대. 그러니까 난 배고팠던 게 맞아.' 아이는 나중에 참고하기 위해 배고프다는 느낌을 저장해 둔다. 아이들은 '배가 고프다'는 단어와 그 상황을 일치하는데도 이와같은 상호작용을 통해서 알게 된다. 이러한 상호작용은 이 아이가 앞으로 다른 사람들과 관계맺는 방식과 공감하는 능력에 영향을 줄 수 있다. 아이가 배고프다고 말하면 "배고파? 알았어. 엄마가 지금 하고 있는 일만 끝내면 바로 먹을 것 줄께."처럼 배고프다는 아이의 말을 무시하지 않고 '기다려 달라'고 말함으로써 부모는 아이의 욕구를 인정하고 존중하는 방식으로 아이와 상호작용을 하는 것이 바로 존중과 배려의 상호작용이다. " 네가 배고프니까 먹을 걸 줄게. 하지만 내가 하던 일이 있으니 잠시 기다려 줄 수 있지? 난 네가 배고픔을 참을 수 있다는 걸 믿어."이런 엄마의반응은 엄마가 아이를 더 좋은 걸 위해 참고 기다릴 줄 아는 사람으로 인정해 준다는 것을 확인해 주는 것으로, 아이의 자아개념을 향상시켜준다. 이런 만족 지연은 기대하던 약속이 지켜지기만 한다면 실제로 감정보다는 이성을 훈련시키게 된다. 즉 아이는 자기 행동의 결과와 다른 사람들의 행동을 예상하는 법을 배우게 된다. 여기서 중요한 것은 엄마가 먼저 아이를 인정해 주는 것이다. 엄마가 아이의 현재 상태를 이해하고 있다는 것을 알리고 엄마가 하는 일을 마칠 때까지

기다려 달라고 하는 것은 일단 엄마가 아이에게 '난 네가 힘든 걸 알아'라고 공감해주는 본보기가 되어 준 것이다. 이런 과정을 통해 아이는 다른 사람들의 감정을 인정하고 영향을 주는 방법을 배우게 되는 것이다.

부모들은 아이에게 깊은 애정을 적극적으로 표현하고, 밝고 즐거운 기억을 넣어주어 언제나 즐거운 일을 떠올릴 수 있게 한다면 아이들은 건강한 자존감을 형성하게 되고 자신이 존중 받아 본 경험을 통해서 부모나 다른 사람을 존중할 수 있게 된다.

9장

형이니까
동생이니까

형제간에는 출생 순서와 연령 차이에 따라 부모와의 상호작용, 형제간의 상호작용 등이 달라지므로 이는 성격의 형성 중요한 요소로 작용한다. 즉 형제의 연령차가 적은 경우 친구 같은 관계를 유지해 서로를 잘 이해하고 대화가 가능해 싸움을 별로 안 할 것 같지만, 흥미가 비슷하며 친구나 동료처럼 상호작용을 많이 하기 때문에 갈등과 경쟁이 발생할 소지가 많다.

　엄마, 아빠가 같고 살아가는 환경도 비슷하지만, 형제는 서로 다른 경우가 많다. 혼자 있을 땐 심심하고 외롭지만, 같이 있으면 괜히 귀찮고 얄미운 존재 이름하여 형제, 세상에는 뜻이 잘 맞는 형제보다는 서로 치고받고 싸우며 크는 것이 일반적이다.

　초등학교 다니는 형제가 있는 집의 부모에게 '형제간의 관계는 어떤지, 문제는 무엇인지? 형제간에 다툼이 있을 때 어떤 점이 어려운지를 물어보았다. 그 대답은 '대체적으로 잘 지내는 편이지만 싸움이 좀 잦아요, 싸우는 원인은 주로 동생이 형 방에 들어가 물건을 몰래 만지거나, 엄마가 동생에게 조금 더 신경 써 주는 것에 대해서 질투를 하거나, 샘이 나서 많이 싸우게 되는 것 같다고 한다. 그렇다! 모든 아이들은 자기 물건에 다른 사람이 손대는 것도 싫고, 아무리 어린 동생일지라도 내가 예뻐할 수는 있어도 엄마가 동생을 더 배려 하고 챙기는 것은 싫어한다.

　이처럼 형제간의 다툼은 오래된 과거부터 지금에 이르기까지 긴 역사를 가지고 있다. 과연 형제간의 다툼은 끝이 없는 건가요?

새아기가 태어나면
가족 체계가 변화한다

동생이 태어나면 이미 태어난 형이나 누나는 엄마와 아빠만이 아니라 공간, 물건 등 꽤 많은 것을 아기와 공유해야 한다. 따라서 형제간의 경쟁심, 질투, 미움을 나타내는 형제간의 라이벌 의식은 어린 아기가 태어나자마자 시작될 수밖에 없다.

동생을 돌보는 엄마를 바라보는 아이. 동생이 예쁘기만 할까?

주디 던 (Judy Dunn) 과 캐롤 켄드릭 (Carol Kendrick) 은 새아기가 태어나면 첫째가 어떻게 적응하는지를 연구하였다. 그 결과 기존의 가족 체계가 바뀌는 것을 발견하였다. 엄마들은 나이 든 자녀에 대해 전처럼 다정하고 즐겁게 바라보기보다는 더 의젓하기를 기대하는데 나이 든 자녀는 이러한 엄마의 태도에 대해 까다롭고 공격적이고 애착 관계도 불안정한 반응을 보인다고 한다. 나이 든 아이는 어머니의 관심을 잃게 된 것에 화가 나서 엄마 품에 안긴 새아기에 적개심을 가지게 되거나 까다롭게 행동해서 부모로부터 미움을 받게 되는 등 이제까지와 다른 새로운 형태의 가족 체계가 만들어지게 되는 것이다. 부모들은 '새아기에 대한 나이 든 형의 질투와 미움을 최소화할 것인가?'하는 문제를 생각하지 않으면 안 된다. 대부분의 경우 부모가 두 아이를 대하는 행동과 태도가 형제 갈등의 도화선이 될 때가 많다. 부모는 동생을 본 경우 가능하면 나이 든 아이에게 지속적인 관심과 애정을 주고 이제까지 해왔던 체계를 유지하려고 노력해야 한다. 심지어 나이 든 아이가 동생이 생긴 것에 대해 빠르게 적응하고 훨씬 덜 불안해하는 것으로 보이더라도 안심해 서는 안된다. 특히 연령차가 많은 손위 형제는 인지적으로 자신의 행동 처신을 알게 되어 정서적 문제를 가지는 경우도 있다. 심지어 동생이 자신의 요구를 행동으로 표현하기 시작하면 그 안에 보이지 않는 가족 간의 역동이 내재하는 가족 체계로 변화했다는 것을 인식하고 이 변화가 빨리 안정되도록 노력해야 한다.

❷ 출생 순서에 따라 부모와 아이의 상호작용이 다르다

형제간에는 출생 순서와 연령차이에 따라 부모와의 상호작용도 다르고 형제간의 상호작용이 달라지며 이는 개인의 성격 형성에도 중요한 요소로 작용하게 되어 맏이 성격, 막내 성격이 나오게 된다. 형제의 연령차이가 적으면 친구 같은 관계를 유지하면서 서로를 잘 이해하고 대화가 가능해 싸움을 별로 안 할 것 같지만 상호작용이 많다 보면 갈등과 분쟁이 발생할 소지도 많게 된다.

실제로 형제 관계에서는 개인이 가지고 있는 특성보다는 부모와 자녀 관계, 형제 관계에서 각각이 어떤 조합을 이루느냐가 더 큰 영향을 미친다. 만약 형제가 모두 성격이 강하고 융통성이 없어 한 치의 양보 없이 자신의 주장만 내세우다 결국 갈등 상황으로 내몰리는 경우도 있고 형과 아우 중 어느 한 사람이 아주 재능이 특출하면 다른 한 사람은 비교와 경쟁에서 일방적으로 피해를 보게 된다. 반면 한 사람은 성격적으로 아주 까다로운 기질이지만 다른 한 사람이 순하고 융통성 있다면 갈등 상황은 별로 일어나지 않을 뿐만 아니라 양보하는 사람이 있으면 문제 상황이 있더라도 평화롭게 해결된다. 형제·자매와의 관계를 사회적 관계의 기초로 이를 통해 아이들은 협동, 경쟁, 갈등 등을 경험하고 배우며, 이러한 영향은 성장하면서 대인 관계 능력과 밀접한 관련이 있게 된다.

오스트리아의 심리학자 아들러 ((Alfred Adler)는 가족 내 아이의 위치와 성격 형성에 관한 연구를 하였다. 아들러에 의하면 첫째 아이는 대부분의 경우 동생이 생기기 전까지 사랑을 독차지하고 무조건적인 사랑을 받기 때문에 부모의 가치관이나 기대 등을 그대로 받아들여 순종적이고 의젓하며 뭐든지 열심히 하려고 한다. 그런데 동생이 태어나면 그 관심이 모조리 동생에게 옮겨가는 경험을 하면서 동생이라는 새로운 인물이 자신이 받던 사랑을 훔쳐 갔다고 생각하게 된다. 이렇게 사랑을 받다가 빼앗긴 경험을 한 맏이는 평생을 경쟁자가 생기지 않을까 노심초사하며 자신의 위치를 지키기 위해서 노력을 하게 되고 따라서 규칙을 잘 지키는 보수주의 성향을 띠게 된다. 이때, 아빠까지 아이에게 관심을 주지 않는다면 신경질적이 되거나 장래에 대해서 비관적인 성격을 형성할 수도 있다. 둘째(중간)인 아이들은 맏이와는 반대로, 태어나보니 위에 벌써 태어난 손위 형제가 존재하기 때문에 형과는 다르게 행동함으로써 사랑받으려고 하는 경향이 있다. 형이 못한 것을 잘해서 칭찬받으려고도 한다. 예를 들어 형이 아주 공부를 잘하는 경우에는 크게 스트레스를 받아 형과 다른 능력을 개발하려고 애쓰기도 한다. 그래서 아들이 둘이 있는 경우 둘 중 하나는 딸 노릇을 하고, 딸이 둘이 있는 경우는 한 아이는 아들 노릇을 하는 경우가 있다. 어찌 되었든 둘째는 형이 자신보다 앞서 나갈 때 많이 좌절하기 쉽지만, 형 또한 자신보다 뛰어난 동생은 평생의 라이벌로 스트레스를 피할 수 없다. 막내는 가정의 어린아이로 늘 많은 관심과 사랑을 받게 된다. 다른 아이들이 모두 자기보다 시간적으로 앞서 태어났기 때문에 막내는 애교가 많은 등 가정 내에서 독특한 역할을 하고 자신이 원하는 길을 가는 경향이 강하다. 또한 가족들 누구도 생각하지 못한 방식으로 행동하기도 하며, 가족 내에서 화합의 역할을 하는 반면 책임지는 데에 소홀한 경향도 있다. 막내는 부모님이나 형제들이 많이 도와주기 때문에 매우 유리한 상황이라고 할 수 있다. 그런데 막내라고 모든 것을 다 받아 준다면 문제아로 자라기도 쉽다. 동생 없이 오랫동안 가족 내에서 항상 어린 사람으로 머무르게 되고, 주위 사람들이 더 관심을 가져주기 때문에 의존적이고 이기적이며 고집이 세고 책임감이 부족한 성격을 형성할 수도 있다.

③ 형제 갈등은 자기조절능력의 학습 기회

　모든 사람은 각자의 생각이나 입장이 다르면 갈등이 생기지만 이 같은 갈등 상황은 자신과 상대방의 욕구가 다를 수 있다는 사실을 알게 한다. 형제간에 갈등이 있더라도 서로의 감정을 존중하도록 일깨워 주고, 상대방의 관점에서 상황을 바라볼 수 있는 경험으로 확장시켜 주고 이에 대한 적절한 보상 경험이 주어진다면 오히려 자기조절능력이 향상될 기회가 되어 인성이 더 좋아질 수 있다.

　2012년 10월 심리학 저널 〈Cognition〉에 새로운 마시멜로 실험이 소개되었다. 로체스터 대학교의 연구팀이 진행한 "자기통제나 자기조절력이 환경이나 경험에 따라 어떤 영향을 받는가"에 관한 실험이다. 이들은 1966년에 진행한 마시멜로 실험을 그대로 재현했는데 핵심은 본격적인 마시멜로 실험을 하기 전에 아이들을 14명씩 두 집단으로 나누고 각기 다른 경험을 하게 했다.

> '아이들에게 남이 썼던 크레용을 나눠주면서 조금 있다가 새것으로 바꾸어 주겠다고 말하고 한 집단에게만 약속대로 새 크레용을 주고 다른 집단에겐 크레용이 다 떨어졌다고 해명합니다. 그리고 잠시 후에는 아이들에게 작은 스티커를 하나씩 주면서 금방 더 크고 멋진 스티커 세트를 가져다주겠다고 말했는데 이번에도 한 집단 에게 만 약속대로 멋진 스티커를 주고, 다른 집단에겐 스티커가 다 떨어졌다고 말했다.'

이 같은 사전 경험이 그 후에 이어지는 마시멜로 실험에 어떤 영향을 미쳤을까? 결과는 약속대로 크레용과 스티커를 받은 집단은 마시멜로를 먹지 않고 기다린 반면, 두 차례 실망을 경험한 집단의 아이들 14명 중 13명이 마시멜로를 그 자리에서 먹어버렸다. 이 실험 결과는 "아이들이 자기 조절력뿐만 아니라 약속된 보상에 대한 신뢰 정도를 반영"하는 것으로 " 기다려봤자 마시멜로를 하나 더 받지 못할 거라고 생각한다면 아이들은 기다릴 필요가 없는 것"이라고 설명했다. 이 실험은 환경과 경험이 얼마나 중요한지를 말해 주는 것으로 어린아이들도 자신의 환경과 경험을 기초로 나름의 합리적인 판단을 내린다는 것이다. 즉 아이들이 자신을 통제하거나 충동을 조절했을 때 어떤 결과를 경험했느냐가 중요하다.

그래서 형제를 둔 부모들의 일관적인 태도, 안정된 양육 방식이 무엇보다 중요하다. 아이들은 부모가 아이에게 무엇을 기대하는지를 잘 알고 있고 자신이 이 갈등 해결 시 부모로부터 어떤 대우를 받느냐 하는 경험이 사회적 문제해결에서 유용한 요소로 작용하는 것이다.

형제간의 갈등을 해결하는 과정에서 협상이나 타협 등으로 상대방의 의견을 수용하는 방법은 형제가 없는 아이들은 배울 수 없다. 일반적으로 갈등이나 싸움이란 단어가 내포하는 뜻은 부정적이지만, 이상과 같이 아이들이 사회로 나아가기 위한 발판이 되므로 생각보다 형제간의 갈등이 주는 긍정적 영향을 고려하여 부모의 적절한 지도가 필요하다.

④ 어떻게 키워야 할까요?

 모든 형제자매는 태어나는 순간부터 서로 경쟁 상대가 될 수밖에 없다. 우리 속담에 '남의 시작이 형제'라는 말이 있다. 부모의 관심과 사랑을 나눠 가져야 하는 형제간의 다툼은 끝이 없을 수 있지만 긍정적 효과도 있다.

1) 형제를 기대하게 만들기

 동생이 태어나기 전에 형이 될 아이에게 일찍부터 출생을 알려 형제를 연결시킬 뿐 아니라 무슨 일이 일어날지, 부모가 기대하는 것을 알려주는 등 동생을 보았을 때 닥쳐올 변화에 대한 준비를 시켜야 한다. 새로 태어날 동생에 대해 이름도 같이 짓고 형의 역할이 무엇인지 동생이 태어나면 형이 어떤 역할을 해주어야 하는지를 말해 주고 동생을 함께 기다리는 것이 충격을 완화할 수 있다. 그리고 동생이 태어나면, 부모님들은 큰 아이보다는 작은 아이에게 관심을 쏟게 되는데 이런 상황은 큰아이가 버려졌다고 느낄 수 있다. 엄마가 동생에게 관심을 쏟을 땐 아빠가 큰아이에게 관심을 보여주어야 하며, 억지로 형, 누나가 되길 강요하지 않고 미리 형이나 누나가 되었을 때 어떤 변화가 있을지를 이야기하여 준비시키고 기대하게 한다.

2) 형제를 경쟁하게 하지 않기

부모가 해서 안 되는 것 중 가장 중요한 것은 형제를 비교해서 평가하지 않는 것이다. 예를 들어 "누가 양치질을 빨리할까?" "누가 더 빨리 옷을 입나 보자"와 같은 말은 서로를 경쟁자로 느끼게 하거나 비교하여 적수로 만들 가능성이 있다. 특히 형제간에 조롱하거나 비웃기는 허용해서는 안 되고 오히려 늦은 아이를 도와주거나 협력하게 하도록 유도해야 한다. 상대방의 감정과 행동을 이해하려는 습관이나 기술은 다른 인간관계에 영향을 주기 때문에 이후의 인간관계에도 영향을 준다. 특히 친구는 만나고 헤어질 수 있지만 가족과 형제 관계는 영원하다는 생각을 부모가 먼저 하고 있어야 한다. 부모는 가정이 형제간의 경쟁 장소가 되지 않고 형제간에 서로 다른 장점이 빛나도록 도와주고 한 사람 한 사람이 특별하다는 것을 인정해 주어야 한다. 다름을 인정해 주는 것이 서로에게 좋다. 한 아이가 미술에 뛰어난 소질을 가지고 있다면, 그것을 뽐낼 수 있는 기회를 만들어주는 등 다른 형제와 구별되는 특별한 재능을 인정해 줌으로 부모에게 인정받기 위해 싸우지 않아도 된다는 사실을 자연스럽게 깨닫게 해주어야 한다. 특히 남자 형제의 경우 서로 다르게 인정받음으로 다툼을 피할 수 있고 상호 간에 상생 효과를 가질 수도 있다.

3) 함께 그리고 따로 시간 갖기

형제가 좋은 관계를 유지하기 위해서는 부모가 아이들과 애정을 주고받는 것에도 계획이 필요하다. 예를 들어 놀이집단의 친구 포함하기, 가족여행, 침실같이 쓰기 등과 같이 함께하는 시간도 계획해야 한다. 그러나 형제를 따로 분리해서 오직 형이나 동생 중 한 명과 부모가 오붓하게 이야기 나누기나 여행을 하는 등 따로 시간 갖기는 형제 각자에게 부모의 각별한 애정을 인식하는 계기를 만들 수 있다. 즉 하루 30분 '엄마와 나만의 특별한 시간'을 만들어 그 시간 동안은 관심을 오직 한 아이에게 만 주며 함께 산책한다거나, 서로 껴안고 이야기를 하며 엄마가 아이를 얼마나 사랑하는지 느끼게 해주는 것이 필요하다. 아이들은 형제간의 '똑같은 양의사랑' 보다는 '엄마가 나를 더 사랑하고 있다'는 것을 믿고 싶어 한다. 그러므로 부모는 이러한 아이들의 마음을 읽으려는 노력과 자녀에 대한 일관성 있는 태도가 중요하며, 엄마가 아이의 서운한 마음을 읽어 줄 수만 있다면 형제 관계는 점차 우호적으로 변할 수 있다. 엄마는 '너를 더 사랑해, 이건 비밀이야.' 그러니 네가 ○○이를 더 사랑해 주렴"이라는 말은 아이가 성인이 되더라도 지켜주어 할 공공연한 비밀이다.

4) 형제간의 소소한 다툼은 간섭하지 말기

형제간의 다툼에 대응하는 부모의 방식은 천차만별이다. 어떤 부모는 아이를 설득시키며 중재자로 나서고, 또 다른 부모는 갈등에 대해 잘잘못을 따지고 해결을 강요하는 역할을 하거나 아예 무관심한 태도로 일관하는 부모도 있다. 그런데 부모가 어느 한 편을 강하게 억압하는 태도를 보이는 경우 갈등의 골만 깊어진다. 부모는 어떤 다툼이든 신체적 폭력은 허용하지 말고 아이들 문제는 아이들끼리 해결해 보도록 한다. 부모가 검사나 형사가 되어 누가 잘못한 일인지 조사하더라도 둘 중 누군가 한 사람은 억울하게 되어 있으니 그럴 필요는 없다. 가능하면 아이들이 다툼이 일어난 장소에서 이동하여 조금 진정시킨 후 충분히 이야기할 기회를 주는 것이 필요하다. 단 한 아이가 말을 할 때는 다른 아이는 그 말을 집중해서 듣도록 미리 일러두어야 한다. 이야기하는 도중 부모가 판단하게 되면 내 애기를 엄마가 동조하지 않는다고 생각해 더 이상 말을 하지 않게 되므로 진지한 표정으로는 아이가 몹시 속이 상했을 것 같다는 표정만을 짓고 들어주는 것이 중요하다. 아이의 말이 끝나면 부모가 아이들 관점에서 충분히 공감하고 이해했다는 것을 확인시켜 주고 아이들이 싸웠을 때 부모의 기분이 어땠는지 인식시켜 주는 것도 좋다. 그런 다음 싸움을 어떻게 해결할 수 있을지 아이들의 의견을 들어보고, 공평하다고 느낄 수 있는 규칙을 함께 만들어 적용하는 것이 좋지만 가능하면 부모가 개입하지 않는 것이 중요하다.

10장

함께 크는 아이들

영유아기 자녀를 둔 여성의 취업률이 50%가 넘은 현대사회에서 육아는 가장 큰 어려움이다.

　　한국여성개발원이 취학 전 아동을 둔 여성 401명을 대상으로 스트레스 정도를 자녀 양육, 부모 역할, 타인 양육, 취업모의 4개 영역으로 나누어 조사한 결과 자녀 양육 스트레스가 가장 높았으며 심지어 자녀 양육 스트레스로 인해 우울증을 겪는 일도 있다고 합니다. 그만큼 일과 육아를 병행하는 것은 어려운 문제이다. 영유아 자녀를 키우고 있는 엄마들에게 "아이를 키우면서 무엇이 가장 어려운지, 혹시 육아를 도와주시는 분이 있었는지를 물어보았다. "저희 아이는 태어나서 일 년 반 정도 까지는 외조모 밑에서 컸고요. 그 이후에 저희가 직접 애를 키우고 있고 양육은 거의 반반씩 하고 있어요. 가까이 언니가 있어 정말 어려울 때 언니가 와서 도와줄 때도 있었어요. 대부분은 저희 부부가 둘이 해결했는데 많이 힘들었어요"라고 대답했다. 그리고 부모가 된다는 것의 의미는 무엇인지 물었다. 아이들을 있는 그대로 사랑하고, 그리고 아이들은 거울인 것 같아요. 얼마나 부모가 올바르게 부모로서 그 자리에서 있느냐가 제일 중요한 것 같아요. 성인이 되어서 제 몫을 할 때까지는 부모가 힘이 되어 주고, 응원해 주고, 늘 격려해 주고, 지지자가 되어줘야 한다." 말하고 있었다. 필자는 젊은 부부들이 이렇게 대답하는 것을 보고 대한민국이 희망이 있다고 생각하게 되었다. 그러나 우리 사회가 많은 변화는 아이 양육을 부모에게 전적으로 맡길 수 없고 국가와 사회가 참여하지 않을 수 없게 되었다.

우리나라 여성의 경제활동참가율 및 합계출산율 추이를 살펴보면, 1980년대 초반부터 여성의 사회 활동 참여가 증가하고, 출산율이 급격하게 낮아지게 되는 인구 사회학적 변화가 일어났다. 1987년 남녀고용평등법이 제정되면서 무급이기는 하지만 육아휴직 제도가 처음으로 도입되었고, 2001년에는 산전, 후 휴가 기간의 연장과 비용 일부의 사회화, 육아휴직의 유급화 등 모성 정책 면에서 획기적인 진전이 있었다. 2007년에는 「남녀고용평등법」을 「남녀 고용 평등과 일-가정 양립지원법」으로 개정하였다. 이는 일-가정 양립 정책의 변천사에서 가장 획기적인 변화이다. 2007년에 제정된 「가족 친화 사회 환경 조성법」은 일과 가정의 양립을 위한 기업, 지역사회의 조성을 통하여 사회 전반으로 가족 친화적 사회 환경을 구성할 것을 목적으로 한다. 그러나 '가사를 공평하게 분담'해야 한다는 생각은 공평하게 하기는 어렵다. 특히 2008~2012년도부터 더욱 심각해진 저출산·고령화의 위기 속에서 여성의 경제활동 참여를 증진시키기 위한 '일·가정 양립'을 지원할 수 있는 다각적인 정책 마련을 목표로 하고 있지만 현재 가장 중요한 것은 '모성보호'와 함께 '일과 가정의 양립'을 주된 사회적 이슈가 되고 있다. 그런데 인간에게는 자녀 양육과 관련된 유전자가 존재한다. 우리 선조들이 혼인할 때 당사자보다는 그 부모를 보는 것만으로 결정을 한데는 이유가 있다. 물론 모든 인간은 부모 또는 조상으로부터 물려받은 유전자(gene) DNA를 가진다. 생물학자 리처드 도킨스는 DNA 즉 유전자야말로 모든 생명체의 진짜 주인이라고 말한다. 생물학적 유전자의 특성이 자기복제를 통해 또 다른 자신을 만들어 내듯, 문화적 삶도 자기복제를 하게 된다. 모든 인간은 태어나면서 바로 사회 속의 문화를 만난다. 특히 인간은 아이를 낳고 키우는 양육 과정을 통해 문화를 전승시킨다. 도킨스는 생물학적 유전자 '진'(gene)을 염두에 두고 문화적 유전자를 '밈'(meme)이라고 불렀다. 우리에게 전해져 내려오는 사회문화적 환경, 이기적 유전자, 이타적 유전자, 심지어 걸음걸이, 숟가락질, 옷 입기, 생각 등은 모두 우리에게 전승된 문화 유전자이다. 아이 키우기인 양육법이나 양육에 관한 생각 등도 세대를 통해 전수 되어왔습니다. 그러나 최근 젊은 부모들이 태어나 자라던 70년대, 80년대 우리나라는 핵가족화, 도시화, 가족계획으로 인해 한집에 두 아이 이상을 낳지 않았다. 그러니 어린 동생이나 아기를 키워 본 적도 없이 어른이 되었고 이제 부모가 되었다. 특히 여성의 경제활동이 활발해지고 맞벌이 부부가 증가하면서 양육에 관한 고민이 커 여성이 일을 포기하기도 합니다. 또 자녀 양육으로 인한 스트레스도 높게 나타나고 있다. 이제 우리 양육 관련 문화 유전자가 파괴되고 있다.

마이클 미니와 맥길 대학의 연구팀은 갓 태어난 새끼 쥐들을 최초 어미가 있는 우리에서 격리한 후 돌려주었을 때 어미가 새끼 쥐에게 어떻게 하는 지를 관찰하였다. 핥아주는지, 돌봐주는지, 방치하는지를 12일간 하루 8시간씩 그리고 4분마다 어미 쥐의 행동을 기록하였다. 그 결과 새끼 쥐와 떨어져 있던 시간을 보상이라도 하듯 더 열정적으로 핥아주기도 하고 보살펴주는 행동을 표출하는 쥐가 있었는가 하면 어떤 쥐는 그러하지 않았다. 즉 기본적으로 어미 쥐들의 양육 방식에 차이가 있다는 것을 발견하고 이 육아 방식이 성장한 새끼 쥐에게 어떤 영향을 주는지를 연구하였다. 그 결과 1997년 마이클 미니는 갓 태어났을 때 주의 깊게 보살펴주고 접촉을 많이 한 새끼 쥐들은 성장한 후 스트레스에 덜 민감하였고 심지어 그들이 어미 쥐가 되어서도 자신의 새끼들을 양육하는 방식에도 영향을 준다는 것을 발견하였다. 즉 어미의 소홀한 태도는 대를 이어 전승되고 있었다. 인간의 삶에서도 이런 현상은 자주 볼 수 있다. 사랑이 넘치고 웃음이 넘치는 가족은 아이에게 웃음과 사랑 그리고 안정감을 주게 된다. 이러한 안정감이 문화 유전자로 각인되어 세대를 건너 전달된다. 우리들은 자신이 좋아하고 따르고 싶은 사람에게서 무엇이라고 정의하기 어렵지만 시간이 흐르면서 어떤 무형의 영향을 받아 자신의 행동이 그 사람과 유사해지는 경험한 적이 있거나 심지어 생각까지도 같아진 것을 경험한 적이 있을 것이다. 즉 생물학적 유전자, DNA가 아닌 생각의 유전자, 교류의 유전자, 행동의 유전자가 바로 문화 유전자로 이어지는 것이다.

아이 키우기도 배워야 한다
부모 자격증이 필요하다

　미국 대통령 오바마 역시 아버지의 생물학적 유전자를 물려받았지만, 어머니의 교육이 아니었다면 오늘의 오바마는 존재하지 않았을 것이다. 오바마는 두 번째 자서전인 〈담대한 희망〉에서 어머니에 대해 이렇게 얘기했다. "회상해 보면, 어머니의 정신이 아버지가 없는 가운데서도 나를 지탱해 주었고, 순탄치 않았던 청년기에 희망을 주었으며, 나를 언제나 옳은 길로 인도해 주었다."오바마에게 이러한 어머니의 양육이 없었다면 오늘날 미국의 지도자는 누가 되었을지 아무도 모른다. 대부분의 사람들은 부모 노릇을 해 본적도 없고 배운 적이 없이 부모가 된다. 그러나 일단 아이가 태어나고 부모-자녀 관계가 형성되는 순간 이 관계는 죽음에 이르기까지 같이 가야 하는 피할 수 없는 숙명적 관계가 된다. 아버지의 노릇, 어머니의 노릇인 아이 키우는 방식인 양육법은 수천 년의 역사를 통해 축적되고 전승되어 온 문화 유전자다. 그런데 양육 관련 문화 유전자가 파괴되고 있다. 직계가족이란 대부분 생물학적 유전자와 문화적 유전자를 함께 하는 사람들이다. 산업화 근대화 시대에 낳고 자란 여성과 남성들은 부모로부터 생물학적 유전자는 물려받았지만, 양육 관련 문화적 유전자를 전승받지 못했다. 요즈음 젊은 부모들이 이러한 현실에서 자녀 양육으로 인한 스트레스는 엄마 아빠 모두 높고, 이는 결혼생활의 만족도에 비상등이 켜지는 단초가 되기도 한다.

대구 동부경찰서(2014년) 2살 난 아들을 살해하고 시신을 쓰레기봉투에 넣어 버린 혐의로 22살 A 씨를 긴급체포했다. 경찰은 경북 구미시 안동의 길가에 버려진 아이의 시신을 발견했으며 경찰은 아버지 A 씨로부터 범행 일체를 자백받았다. 아내와 별거한 뒤 혼자 아기를 돌보던 A 씨는 아들을 집에 혼자 놔둔 채 PC방과 찜질방 등을 돌아다녔다. 지난달 7일 오후 1시쯤 귀가한 정 씨는 아들이 굶어 죽어 있는 것을 확인했지만 아무런 조치를 취하지 않은 채 방치했으며 심지어 이를 유기한 것이다. 이러한 사태의 원인은 바로 양육 유전자의 파괴가 원인이다. 정상적인 가정에서 사랑받고 보살핌을 받으며 자란 사람은 대부분 아이를 어떻게 키워야 하는지 교육받지 않아도 알 수 있는 것이 바로 양육 유전자이다. 그런데 이것이 파괴된 것이다. 물론 유전자만 중요한 것은 아니다. 공부도 유전과 환경이 각각 50% 정도 씩 관여하듯이 A 씨도 주변 환경에서라도 양육을 위한 사회적 지원이 있었어야 한다. A 씨가 이혼하고 PC방을 전전하는 동안 누군가 아이를 돌볼 수 있는 사회적 가족 지원 체제가 확립되어야 이 어린아이의 미래가 있게 되는 것이다. 가정이 병이 든 것은 처음에는 개인의 문제에서 출발되기도 하지만 가족이 행복하게 살기 위해서는 사회적 지원체계도 필요하다. 사회가 한 개인이나 가정의 문제라고 해서 지원을 소홀하게 되면 죄 없는 어린 생명들이 죽거나 병들 수 있다. 아동학대의 80% 이상의 부모로부터 비롯된다고 한다. 이는 부부 어느 쪽의 한 책임이나 잘못이 아니다. 이 부부를 키워온 어른들의 책임이기도 하다. 행복한 결혼생활을 누리기 위한 방법이나 어린 아이들을 어떻게 돌보고 사랑해야 하는지를 가르친 적이 없으니 배운 적도 없다. 꽃이나 나무를 기르는 것을 목표로 하는 원예사도 4년은 배워야 하고 가축이나 애완견을 기르고 돌보는 일도 4년은 공부해야 꽃을 기르거나 동물을 돌볼 자격증이 주어지고 그제서야 그 일을 할 수 있다. 그런데 남자 여자가 서로 사랑하는 법, 아이 키우기는 한 번도 배우지 않고 시작하는 경우가 많아서 실패하는 것이다. 그러므로 중고등학교 과정에서부터 아니면 결혼식장을 예약하는 시점에서라도 반드시 생명 존중 교육과 사랑하는 법, 타인을 존중하고 배려하는 법을 배우고 자격을 주는 과정이 필요하다. 현대사회에서 일과 가정의 양립으로 힘든 쪽은 여성인 것 같지만 남성 또한 일과 가정의 양립의 어려움에 당면했다. 그 이유는 함께하는 생활, 가족관계와 부모 됨에 대한 교육의 부재이다. 상호 간의 존중과 생명의 소중함을 가르치는 교육이 우리의 문화를 융성하게 할 것이다. 논어에 나오는 애지욕기생(愛之欲基生) 말이 있다. 사랑한다는 것은 그가 살기를 원하는 것이다. 사랑할 때 처음 그 마음은 "난 당신이랑 같이 살고 싶다. 그리고 당신을 잘살게 하고 싶다."라는 마음이다. 그가 원하는 것이 무엇이든 해주고 싶던 그 마음이 사랑이다. 상대방을 존중하고 배려할 수 있는 인간적 자질교육과 생명 존중 교육과 같은 교육으로 부모 자격증을 대신해야 할 것이다.

❷ 육아에 관한 한 양성평등이 실현되어야 한다.

양육은 아내를 도와주는 것이 아니라 자신의 자녀에 대한 책임과 의무이다

한국 사회를 비롯한 많은 사회에서 전통적으로 남자는 남성적인 것이, 여자는 여성적인 것이 심리적으로 건강하다고 생각해 왔다. 그러나 최근에 와서 이러한 전통적인 성역할 구분은 현대사회에 더 이상 적합하지 않을 뿐만 아니라, 인간의 잠재력을 충분히 발휘하는 데

에 장애요인이 된다고 주장하는 학자들이 많다. 요즘은 여성의 사회 참여가 늘어나고 당연하게 여겨지는 사회 분위기가 조성되고 있다. 정치·경제·사회·문화의 모든 영역에서 남녀 평등을 촉진하고 여성의 발전을 도모하기 위해 제정한 여성발전기본법이 1995년 제정된 뒤 2001년 남녀고용평등법으로 개정되면서 고용에 있어서 남녀의 평등한 기회 및 대우를 보장하는 한편 모성을 보호하고 직장과 가정생활의 양립과 여성의 직업능력개발 및 고용 촉진을 지원함으로써 남녀 고용평등 실현을 목적으로 하였다. 이 법은 2014. 1. 14. 남녀고용평등과 일·가정 양립 지원에 관한 법률로 개정되었다. 이 법은 모성을 보호하고 여성고용을 촉진하여 남녀고용평등을 실현함과 동시에 근로자의 일과 가정의 양립을 지원하여 모든 국민의 삶의 질을 높이는 것을 목적으로 한 법률이다. 특히 여성 근로자의 차별 및 모성보호에 관한 내용을 구체적으로 제도화하여 일과 가정의 균형을 중시하는 근로자들의 의식변화에 대응하고, 저출산·고령화 시대에 여성 인력의 경제활동 참여를 촉진하기 위해 여성 근로자가 직장 활동을 하면서 가사를 함께 돌볼 수 있도록 지원하는 다양한 제도를 마련하고 있다.

　국가는 미래 사회의 건강한 인재 양성을 위해 거국적 차원의 대책을 준비하고 예산도 확보하여 많은 육아 지원 대책을 쏟아내고 있다. 육아휴직도 최근 8세까지 연장되었고 아빠도 육아휴직이 가능하고, 시간 선택제 근무나 재택근무제 도입 등 많은 대책을 마련하고 있다.

이제 자녀 양육의 문제는 한 개인이나 가정의 문제가 아니라 사회적, 국가적인 문제로 부모와 사회가 함께 풀어나가야 할 과제임을 인식하고 있다. 이처럼 여성의 사회참여가 증대되고 여성의 역할과 가족 구조의 변화는 가정을 대신해 자녀 양육을 맡아줄 보육시설에 대한 요구가 더욱더 커지고 있는데 0세에서 2세의 어린 아기들조차 기관에 하루 8시간 이상 맡겨지는 것은 바람직하지 못하다 특히 사회의 제도나 법은 이렇게 명시하고 있지만 아직도 아기가 아프면 엄마는 출근을 못 하지만 아빠들은 출근하는 것이 현실이고 아빠들은 양육자가 아니라 양육 보조자라고 생각하는 것이 현실이다. 아이 키우기를 아내를 도와주는 것이 아니라 자기 자녀에 대한 책임과 의무임을 알고 실천하는 의식의 전환이 필요하다. 국가와 사회도 어린이 보육시설을 많이 지을 것이 아니라 미래 청소년의 정신적 신체적 기초가 되는 0세에서 만 2세까지 엄마나 아빠가 아이와 함께 있을 수 있도록 지원하려는 노력이 필요하다. 생애 초기 엄마 아빠 품에서 행복하게 지낼 수 있도록 하는 것이 얼마나 중요한 일인지 엄마 아빠 모두 함께 인식하여야 한다. 따라서 아빠의 육아휴직 제도의 확산과 기업의 지원으로 양육과 관련한 양성평등이 실현되어야 한다.

③ 양육의 책임을 함께 하는 전통 양육 문화를 되살리자

현대사회의 가장 큰 특징은 여성의 교육 수준의 향상과 취업에 대한 가치관의 변화와 자아실현 욕구 등으로 여성의 경제활동 참가율

이 증가하면서 여성의 취업률과 사회참여의 증대는 사회 변화와 가족 변화를 이끌어내는 중요한 요인이다. 특히 1960년대 이후 나타난 중요한 변화는 확대가족의 쇠퇴와 전통가족의 쇠퇴, 다문화 현상이다.

이러한 급속한 가족변화와 사회변화는 출산과 양육에 임해야 하는 젊은 여성들에게 위기의식을 조성하여 무자녀 가정이 늘게 되었으며 이는 곧바로 출산율 0.3명이라는 저출산 현상으로 이어져 각 가정은 물론이고 국가의 위기로 까지 확산되고 있다.

현대사회는 핵가족화 산업화, 지식정보화 사회라고 한다. 많은 여성들은 어린 시절부터 자기 계발과 자기 성취가 중요하다고 학습되었는데 일단 결혼하여 출산하면 여성이 자기 혼자만의 몫으로 양육하기에는 양육 지식과 경험이 너무 없어 스트레스가 너무 많다. 힐러리 클린턴은 한 아이를 잘 키우기 위해서는 하나의 마을이 필요하다고 언급한 적이 있고, 이는 저서로도 출간되었다. 이제 어떤 가정도 고립되어 존재해서는 안 된다. 전통 과거 사회에선 친지, 동네 어른만이 아니라 지역사회 전체, 즉 한마을이 어린이가 바르게 커 나갈 수 있도록 도와주었다. 우리 전통사회에서 "육아는 가족 공동체 또는 마을 공동체의 일"이었다. 우리의 전통사회는 3대 이상이 함께 사는 전통적인 대가족이므로 부모와 조부모 간 양육 협력 체제는 조부모가 부모에게 실질적인 육아 정보를 주기도 하고 부모의 양육 기대, 양육관, 양육 행동에 영향을 주었다. 조부모와 친밀하고 밀접한 관계를 형성한 손자녀들은 건강한 애착 관계를 통해 핵가족에서 느낄 수 있는 심리적 외로움이 완화되어 정서적 안정감을 주었다. 물론 조부모가 가정에 함께 거주하는 것만으로도 영유아의 신체·언어·인지·정서 발달에 긍정적이다. 심지어 윗마을 아랫마을의 모든 어른은 아이의 생활을 지도하는 교사였으며 아이들이 체험하는 모든 것은 살아 있는 교육과정이었고 아이들이 있는 공간은 학교였다고 할 수 있다. 이처럼 전통사회에서 조부모의 역할은 오랜 삶의 경험, 지식과 지혜를 기반으로 가족의 최고 권위자이자 결정권자로서 전통문화를 계승하고 전달하며 자손의 교육과 진로지도를 담당하는 것이다. 가정생활의 일선에서 물러난 할머니는 가사 노동에 바쁜 며느리를 돕기 위해 손자녀를 도맡아 양육하였는데, 이유식, 배변 훈련 등의 양육만이 아니라 놀이와 기본 습관 형성 등 모든 것을 담당하면서 손자녀들의 생활을 주관하고 어머니의 역할을 대신하였다. 부모보다는 조부모가 소자, 손녀를 맡아 함께 생활하면서 가르치는 격대교육(隔代敎育)을 해 온 것이다. 격대교육의 특성은 부모의 경우 자녀에 대한 높은 기대치로 인해 과도한 성취욕심이 생겨나 자녀를 양육할 때 감정적인 대응이 앞서는 반면에, 조부모는 질책보다는 너그러움과 타이름으로 손,자녀들을 대할 수 있다는 것이다. 조부모 역시 손자에게 어느 정도의 기대치를 갖고 있지만, 한 세대를 건너뛴 관계이므로 비교적 느긋할 수 있어 조급한 감정이나 행동보다는 다소 절제된 태도로 손자녀를 대할 수 있다. 한 가정에서 태어난 아이는 이 사회를 계승하고 발전시켜 가야 할 사회의 아이요 국가의 아이들이다. 우리들의 미래가 바로 지금의 어린아이들에게 달려있어 양육을 소홀히 할 수 없는 이 시점에서 조부모교육과 아이돌보미 교육지원을 확대하는 것은 필요하다. 특히 고령화가 재빠르게 진행되고 있는 현실에서 노년의 조부모에게는 삶의 의미와 생동감을 줄 수 있고 사회적 성취와 자녀 양육을 동시에 하고 있는 젊은 부부들에게 도움을 주기 위해서도 전통 양육 문화를 되살려 볼 필요가 있다.

할머니 손은 왜 약손인가?

대가족이 중심이던 전통사회에서 아기를 키우는 것은 할머니의 몫이다. 어린 손주가 배가 아프다고 칭얼대면 할머니는 '이리와 여기 좀 누워 봐라'하시면서 손주에게 자신의 무릎을 베게 하고 바르게 눕혔다. 그리고는 '할머니 손은 약손'이라면서 손으로 '할미 손은 약손, 아기 배는 똥배'라는 낮은 음의 가락을 실어 손으로 아이의 배를 문질러 주었다. 그러면 아이는 얼마 뒤 다 나았다면서 아무렇지도 않게 놀러 나가는 경우가 많았다. 이런 '할머니 손'의 효과를 의학계에서는 플라시보(Placebo)효과 또는 위약효과-가짜 약 효과라고 한다. 플라시보효과는 환자의 치료에 직접적으로 도움이 되는 약이 아님에도 자신의 병에 도움이 될 것이라고 믿고 복용하면 실제로 병세가 호전되는 현상을 말한다. 이는 환자의 믿음?에서 비롯되는 효과로 심리적 상황이 포함되는 질병인 가벼운 우울증, 불안, 불면증 등은 위약효과가 크다. 눈에 보이고 손에 만질 수 있는 것만 신뢰하는 현대인들은 마음의 작용을 간과하지만, 환자의 심리적인 기대는 실제로 치료가 되는 경우가 있다. 플라시보의 반대는 노시보(Nocebogy)효과이다. 플라시보가 좋아질 것이라는 기대감 때문에 좋아지는 것이라면 노시보 효과는 나빠질 것이라는 기대로 나빠진다는 것을 말한다. 이는 인간의 마음과 몸이 상호작용한다는 입증하는 것이다. 강남의 S 한의원 최원장은 할머니 손의 약손 효과는 실제로 플라시보 효과에 의한 것이 아니더라도 한의학적으로 효과가 있다고 한다. "따뜻한 손으로 위와 장이 약한 사람들에게 배 마사지하는 것이 장운동을 촉진시켜 안정에 이르게 한다"고 설명한다. 어린아이들이 배가 아픈 경우는 대체로 과식이나 찬 음식을 많이 먹은 경우이다. 따라서 소화가 안되거나 장기능이 떨어져 배가 아플 때 배꼽 주위를 손으로 문지르는 방법은 한의학적 원리는 모르는 할머니의 약손효과가 나타날 수 있다. 더욱이 자신을 사랑해 주는 할머니 무릎을 베고 누워 낮은 톤으로 불러주시는 할머니의 노래 "할미 손은 약손, 아기 배는 똥배"를 손주가 "이젠 괜찮아"

하고 일어설때 까지 무한 반복해서 불러주시던 할머니 손은 정말 약손이었다. 그렇게 누워 시술을 받는 손주들은 할머니가 자신의 배를 낫게 해준다고 생각했고 배는 정말 다 나을 수 있다. 심신의학의 창시자 하버드 의과대학 허버트 벤슨(Herbert Benson)박사는 우리가 마음을 어떻게 먹느냐에 따라 건강이 좋아질 수도 있고, 몸 상태가 달라질 수 있으므로 '마음먹기'가 건강의 핵심이라고 주장한다. 마음에 병이 들면 몸에 문제가 생기고, 몸이 아프면 마음에도 병이 생긴다는 사실을 우리는 경험으로 잘 알고 있다. 심신의학은 명상과 같은 마음 훈련을 기초로 한다. 행복감이나 마음의 평화와 같은 긍정적이고 바람직한 감정은 뇌에서 세로토닌과 같은 안정적인 신경전달물질을 생성하므로 마음이 몸의 치유를 가져오게 된다. 결국 마음으로 몸을 치유하는 좋은 예가 바로 '할머니 손의 약손효과'이다. 여기서 우리는 어김없이 우리 선조들이 살아온 단 한마디도 틀린 말이 없 었던 삶의 오래된 또 하나의 지혜를 엿볼 수 있다. 아이가 배가 아프다는데 '할머니 손이 약손'이라며 손주의 배를 살살 문질러 주는 할머니, 그리고 이를 믿는 손주의 약손효과는 심리학적, 한의학적, 뇌 과학적 요소가 함께 작용하여 배 아픈 것이 치료되는 좋은 사례라 할 수 있다. 아주 오래전 우리 조상들은 이미 아이 키우기의 핵심을 알고 있었다.

④ 어떻게 해야 할까요?

1) 양육의 좋은 본보기를 배우자

우리는 존경하고 따르고 싶은 스승에게서 무엇이라고 정의하기 어려운 그 어떤 무형의 인자를 받아 생각과 행동을 그 스승과 같이 하고 있는 것을 무심결에 발견하게 된다. 즉 동물적(생물학적) 유전자가 아닌, 그 어떤 생각의 유전자, 교류의 유전자, 행동의 유전자를 받았기에 우리는 스승을 정신의 부모 마음의 어버이라 한다. 아이가 태어나기 전에 대부분의 사람들은 부모 노릇을 해본 적도 없고 배운 적이 없이 부모가 된다. 일단 아이가 태어나고 부모-자녀 관계가 형성되는 순간 이 관계는 죽음에 이르기까지 같이 가야 하는 피할 수 없는 숙명적 관계가 된다. 그러므로 아이들을 잘 키울 수 있도록 국가나 지

자체에서 하는 부모 교육에 적극적으로 참여하는 것이 좋다. 미국 대통령 오바마가 아버지의 DNA를 그대로 물려받았지만, 아마 조부모와 어머니의 교육열이 아니었다면 오늘의 오바마는 존재하지 않았을 것이다. 오바마는 두 번째 자서전인 〈담대한 희망〉에서 자신의 어머니에 대해 "회상해 보면, 어머니의 이러한 정신들이 내게 얼마나 깊은 영향을 주었는지 알 수 있다. 아버지가 없는 가운데서도 나를 지탱해 주었고, 순탄치 않았던 청년기에 희망을 주었으며, 나를 언제나 옳은 길로 인도해 주었다. 오바마에게 그러한 양육이 없었다면 오늘날 미국의 지도자는 누가 되었을지 아무도 모른다. 1950년대만 해도 한 가정당 최소 5명에서 많게는 10명의 형제자매가 있을 때는 우리가 굳이 양육법을 따로 배우지 않아도 아이들이 어떻게 자라는지 눈으로 익히고 가슴으로 보듬을 수 있었다. 그러나 유치원 교사를 희망하는 학생들도 아주 어린아기를 본 적이 없다고 한다. 대부분이 외동딸이었기 때문이다. 이제 국가와 사회의 인재가 되는 사람들로 키운 양육의 본보기를 통해 아기를 키우는 것이 무엇인지 배워야 한다.

2) 양육을 잘 할 수 있는 사람의 도움을 적극적으로 받는다.

최근 영아나, 걸음마기 아동이나 학령 전 아동의 어머니들 중 60% 정도가 집 밖에서 일하게 되어 점점 더 많은 어린이들이 기관

형태의 양육을 받고 있다. 이때 타인의 양육이 〔문제가 되는가?, 오로지 어머니만이 육아를 잘하는가?〕에 대해 의문을 가질 수 있다. 그러나 아기들은 양육적 특성, 아동 특성, 어머니나 가정의 특성들이 상호 복합적으로 작용하므로 어머니와 분리되는 경험 그 자체가 부정적인 영향을 준다고 할 수는 없다. 모성 보호정책과 질 높은 보육, 아버지의 양육 참여, 조부모의 양육지원 등은 자라나는 아이들의 사회적 정서적 지적 발달을 최적화하는 데 필요한 자원이다. 그러므로 엄마가 주로 양육하느냐? 기관이나 타인이 양육하느냐는 문제가 안 된다. 오히려 아이의 요구에 민감하게 반응을 해주고 아이의 언어적 비언어적 신호와 징후에 적절하게 반응하고, 아이의 호기심과 욕구를 자극해 주는 양육자가 있다면 문제가 없다. 오히려 최근의 많은 연구결과들은 공동양육에서 아이들이 독립성과 자신감 얻게 된다고 한다. 너무 염려하지 말고 주변에 있는 양육을 잘하는 사람들의 도움을 적극적으로 구하고 받을 수 있는 열린 마음을 가지고 지역사회나 공동체, 가족의 지원을 받는것에 관심을 가지고 교류할 수 있어야 한다. 한 아이가 잘 자라기 위해서는 하나의 마을이 필요하다는 것을 염두에 두어야 한다.

3) 아이 키우기는 국가와 사회, 가정이 함께하는 문화로 전환해야 한다

최근 국가와 사회에서 여성가족부를 중심으로 많은 육아 지원사업을 하고 있지만 가정 심의 지원만 하지 말고 직장 중심의 지원사업도 확대해야 한다. 기업은 임신과 출산을 장려하고 아기를 잘 기를 수 있는 친 가족기업 될 수 있도록 지원하기 위해 육아종합지원센터, 또는 건강가정 지원센터와 제휴하여 부모 교육을 받을 기회를 주어야 한다. 가정에서는 조부모와 이모, 삼촌, 고모 등이 함께 양육을 도와주던 전통적 가족문화를 확산해 가는 것이 바람직하다. 물론 양육의 책임은 부모에게 있으며 부모가 부모 노릇을 잘 할 수 있도록 아이의 양육은 가족, 이웃, 사회와 더불어 함께 해야 한다.

에필로그

아이들의 미래를 위해 부모들이 얼마나 많은 시간을 들여 교육하는가?

아이 잘 키우려고 너무 애쓰지 말고 엄마 아빠가 자신의 인생을 행복하게 잘 살려고 하는 것이 먼저이다. 아이들의 행복한 미래를 위해 부모들이 얼마나 많은 돈과 시간을 들여 교육하는가?

필자가 본서에서 아이 키우기에 대해 열 가지 주제로 이론과 양육 팁을 중심으로 이야기를 하고 나니 양육을 너무 어렵게 생각하지 않을까 염려가 된다. 솔직히 필자는 세 아이를 직접 키워 본 사람으로 아이들은 부모 마음대로 크지 않는다는 것을 너무 잘 알고 있다. 이 책의 내용은 그냥 아이들을 이해하라는 견지에서 씌여진 것이다. 부모 자신이 자신의 인생을 느긋하고 편안하게 그리고 행복하게 살아가기를 희망한다.

밝은 손녀딸 아이는 엄마 아빠가 아이에게 원하는 것이 없고 본인 인생들이 바쁘다. 그런데도 유난스레 찡찡거리고 보채는 시기가 있었다. 그런데 나중에 그때 왜? 그랬었는지 알아보면 분명히 그 시기 엄마 아빠가 냉전 중이었다는 알게 되었다. 처음에 저 아이가 저리 까다롭고 예민한 구석이 있었나 하고 몇 달 지내다 보면 어느새 아이가 밝아져 할머니인 내 마음이 놓인다. 알고 보니 그 사이 엄마 아빠가 화해한 것이다. 그래서 아이 잘 키우려고 너무 애쓰지 말고 엄마 아빠가 자신의 인생을 행복하게 잘 살려고 하는 것이 먼저라는 것이다.

아이들의 행복한 미래를 위해 부모들이 얼마나 많은 돈과 시간을 들여 교육하는가? 그런데 정작 우리 사는 것이 힘들어 자살하는 아이들이 많다고 한다. 이제 "아이 키우기"에 대해 다시 생각해 봐야 한다.

인류학자들은 인간이 대형 유인원과 공통의 조상으로부터 갈라진 것은 500만 년에 불과하며 인간과 침팬지의 DNA, 즉 유전자는 단 1%가 다르고 99%가 동일하다고 하는데 이처럼 거의 유사한 유전자 묶음에서 어떻게 서로 다른 두 종이 나온 것일까? 1997년에 만들어진 SF 영화 "가타카(Gattaca)"는 유전자 조작으로 우수하게 태어난 사람들이 사회 상층부를 이루고 있는 반면에 전통적인 부부관계로 태어난 사람들은 열등한 인자로 낙인되어 사회 하층부로 밀려나는 디스토피아적인 미래를 배경으로 만들어진 영화이다. 가타카의 사회는 현대사회가 열망하는 합리적이고 완벽한 사람들, 즉 유전적 우성인 자라는 능력에 따라 구성된 사회이다. 자연 임신으로 태어난 빈센트는 열성유전자가 있어 심장병의 위험도 있고 열등하지만, 동생인 에반은 우성유전자를 선택하여 우수하게 태어났다. 이들은 태어날 때 부터 자신의 현실을 불평 없이 받아들이고 능력대로 사회의 서열이 구성되는 현실을 받아들여야 한다. 그러나 영화의 마지막 메시지는 열성인자로 태어났어도 꿈을 잃지 않고 노력하는 사람만이 꿈을 이룰 수 있다는 것으로 결국 인간은 유전자만으로 되는 것이 아니라는 것을 말해 주고 있다. 우리는 부모가 아이에게 생물학적으로, 문화적으로 영향을 준다는 사실을 그저 막연하게 그럴 것이라고 생각하고 경험을 통해 짐작, 확신해 왔다. 그러나 이제는 신경학과 생리학의 발달, 뇌, 스캔, 생화학에 대한 연구 결과로 부모가 아이에게 어떤 영향을 주는지 과학적으로 정확하게 알게 되었다.

아기들은 아직 연결되지 않은 1,000억 개 이상의 뉴런 즉 뇌세포를 가지고 태어나는데 아기 뇌의 많은 부분이 출생 후에 발달하며 아이의 환경과 경험에 따라 많이 달라진다. 한국인의 게놈지도를 분석해 2008년 처음 공개한 박용화 교수는 "수학 천재 유전자를 찾는 것은 '똑똑한' 유전자를 찾는 것과 마찬가지여서 과학적으로는 아무런 의미가 없다"고 한다. 또한 "음식대사가 잘 되거나, 잠을 조금 안 자도 덜 피로한 유전자를 타고나면 그만큼 공부를 더 할 수 있어 똑똑해 보일 수 있다. 그런데 어느 분야에서 뛰어난 사람은 '건강하면서 집중력이 있고, 행복한 마음으로 뭔가에 관심을 갖고 성과를 내게 하는 모든 유전자의 합"이다. 그러면 어디까지가 유전이고 어디서부터가 환경의 영향일까? 아이들은 태어날 때부터 유전자로 결정된 고유의 '기질'이 있다. 어떤 아이는 수줍음이 많고, 어떤 아이는 낯선 사람에게도 잘 다가온다. 먹고 자는 것이 규칙적인 아이가 있는 반면 매우 불규칙한 아이도 있고, 자극이나 생리적 욕구에 예민한 아이가 있고 그렇지 않은 아이가 있다. 인간이 가지고 태어나는 기질은 뇌의 원시적인 구조가 갖는 정보처리 양식이다. 이런 기질과 성향에 대해 무엇이 좋고 나쁘다 편견이나 장단점 평가되어서는 안 된다. 왜냐하면 아이의 기질이 곧 성격은 아니기 때문이다. 기질은 유전적으로 가지고 태어나는 것이므로 바꿀 수도 잘못으로 설명할 수 없는 한 인간의 고유 특질이다. 다만 이런 기질이 외부의 환경과 교육에 따라 변하고, 다듬어지면서 한 사람을 설명하게 되는 '성격'이 만들어지는 것이다. 그래서 어린아이들의 행동이나 성향을 놓고 그 아이를 판단하거나 결정해서는 안 된다. "너는 왜 그 모양이니?", " 너 커서 뭐가 되려고 그러니.", " 넌 참 유별난 애야."등과 같은 말들은 아직 완성되지 않은, 다 피지도 않은 꽃봉오리에게 "넌 참 못생긴 꽃이구나."라고 말하는 것과 다름없다. 특히 인간은 뇌의 가소성으로 볼 때 기질보다는 성장하면서 스스로의 사고와 판단을 통해 발달하는 측면이 훨씬 더 중요하다고 할 수 있다. 까다로운 기질의 아이들도 부모의 지지와 격려, 충분한 수용과 이해를 받으면서 스스로 예민함을 극복하면서 원만한 인간관계를 형성할 수 있고, 느린 기질의 아이도 충분한 기다림과 지지를 통해 계획성 있게 자신의 삶을 꾸려나갈 수 있게 된다. 다시 말해서 유전정보가 인간을 완전히 지배할 수는 없다. 물론 피부 색깔과 얼굴 생김새 같은 것은 유전적 특질에 따라 정해질 수 있다. 그러나 근육과 지방을 조절하여 몸매를 만드는 것은 개인의 의지로 조절할 수 있는 것과 같이 한 인간의 성품이나 능력 역시 미완성으로 태어난 아기가 스스로 완성시켜 나가는 과정 중에 있는 것으로 보아야 한다. 그러므로 부모들이 자신의 아이를 행복한 아이로 키우기 위해서는 부모자신이 행복한 삶을 살 수 있도록 노력하면서 육아와 교육에 임하는 것이 답이다.

필자는 본서의 집필을 마치면서 언제나 격려와 지지를 보내주는 남편과 정말 잘 자라서 자신의 일과 가정을 잘 꾸려가고 행복한 삶을 사는 두 딸과 아들이 있어서 '정말 감사하다'는 말을 하고 싶다. 마지막으로 이 책을 낼 수 있도록 용기를 준 더 로드 출판사의 조현수 사장님과 편집장님을 비롯한 여러 분들게 진심으로 감사드립니다.

이 책을 세상에 낼 수 있는 저는 정말 행복한 사람입니다. 진심으로 감사합니다.

저자 최혜순

아이는 사랑으로 자라고,
부모는 그 사랑으로 완성된다

초판 인쇄 2025년 10월 21일
초판 발행 2025년 10월 31일

지은이 최혜순
발행인 조현수
펴낸곳 도서출판 더로드
기획 조영재
디자인 디자인붐 정의도
주소 경기도 파주시 광인사길 68. 201-4호
전화 031) 942-5364, 5366
팩스 031-942-5368
이메일 provence70@naver.com
등록번호 제2015-000135호
등록 2015년 6월 18일
ISBN 979-11-6480-400-9 (13590)

파본은 구입처나 본사에서 교환해 드립니다.
이 책의 내용에 대한 재사용은 저작권자의 허락 없이 사용을 금합니다.

정가 18,000원
파본은 구입처나 본사에서 교환해드립니다.